レッスン地方公会計

（ 演習で身につく！ ）

自治体財務情報の活用 はじめの一歩

鷹野宏行・鵜川正樹・榮田悟志 著

第一法規

JN014883

はしがき

本書の特徴

　わが国において、複式簿記・発生主義会計に基づく公会計の導入は、明治以来の地方自治体の会計制度を大きく変革するものです。公会計制度改革の目的は、これからの自治体経営に求められるマネジメント機能の強化とアカウンタビリティの充実にあります。

　総務省による統一的な会計基準が設定されて、各地方自治体では財務書類が作成されていますが、その次のステップとして、この作成された財務情報をどのように財政運営や事業経営に活用していくかという課題に取り組んでいるところです。財務情報の活用は、財務情報だけでは完結せず、予算や業績評価と一体的に評価して、初めて自治体経営の全体像を説明できるという特徴をもっています。

　他方、公会計は、単に企業会計の延長ではなく、財政民主主義に基づく予算統制という枠組みの中で、固有の意味を持っています。また、公会計の複式簿記は、企業会計とは異なる1取引2仕訳の仕組みを採用しています。

　そこで、本書では、全体を3部構成として、第1部が地方自治体の公会計の財務分析、第2部が公会計の背景と理論的な意味、第3部が公会計の複式仕訳としています。はじめに財務情報の活用事例を検討しながら、必要に応じて、理論的な背景を考えたり、あるいは複式簿記の仕訳をみたりすることができるという構成になっています。

　各部の内容は、概要、事例の解説、演習問題という構成で進めています。演習問題がついていますので、復習と実務を兼ねて、取り組んでいただけるようにしています。

本書の構成

　第1部財務分析編において、第1章「財務分析全般」では、公会計の特質を考慮した分析の目的と方法、財務情報活用の全体像、発生主義会計の導入で期待される効果、財務書類のどこを読むかをみていきます。財務書類の指標分析の意義と自治体間比較の有用性について、事例を取りあげています。第2章「財務情報の事業経営への活用」では、事業別財務諸表の作成と分析について、自治体の提供するサービスを具体的に分類して、分析の視点を説明しています。第3章「財務情報の事業経営の効率化・有効性への活用事例」では、2つの視点から説明します。第1の視点は、予算編成への活用です。予算査定に先立ち、中期的な経営の視点から事業評価を行うことを説明します。第2の視点は、事業評価への活用です。財務情報と事業の業績評価（行政評価）を統合することにより、議会への説明と行政の振り返りを説明します。第4章「公会計情報の財政政策への活用」では、公会計の情報価値が、財政政策への理解を深めるために有用なものであることを説明します。

　第2部財務会計編において、第1章「公会計の基本的な考え方」では、公会計制度改革

の意義、統一的な基準の概要について説明します。第2章「公会計における財務書類」では、財務書類（財務4表）の成り立ちや財務4表の連繋について説明します。第3章「主な勘定科目の説明と実務上のポイント」では、公会計の主要な科目について、公会計固有の考え方と実務上のポイントについて説明します。第4章「決算業務の概要と実務上のポイント」では、公会計の決算に当たって実務上必要な業務について、一般会計等を対象に、具体的な手続きを説明します。第5章「一般会計等財務書類、全体財務書類及び連結財務書類」では、地方自治体が深く関与する団体及び事業の会計も含めた集団（連結グループ）を1つの会計単位と考える連結会計について説明します。

　第3部複式簿記編では、はじめに、公会計の複式簿記の前提となる企業会計の複式簿記を説明し、簿記の方法や考え方、作成する財務報告書類などを説明しています。特に、仕訳帳に仕訳を行って総勘定元帳に転記を行い、財務書類を作成するという一連の流れを重要視しています。次に、公会計複式簿記の特有の論点であります1取引2仕訳は、企業会計の複式簿記にはない考え方であり、資金収支計算書を仕訳から作成するという考え方です。本書におきましては、資金収支計算書の作成に関係する現金等の1つの取引を1つの仕訳として捉えて、総勘定元帳へ転記する際に、貸借対照表に含まれる現金等及び資金収支計算書に含まれる各種の勘定科目へと転記することとしました。実質的には1取引2仕訳の考え方を踏襲しておりますが、仕訳から資金収支計算書を作成するという目標を達成するための新しい取組として説明しています。

　本書が、地方自治体で財務書類の作成・活用・監査等に取り組む部署、首長、議会議員、公会計を支援する公認会計士・税理士・コンサルタント、研究者や学生などのステークホルダーの方々の理解と活用に資することができれば、執筆者一同の望外の喜びです。

　本書の執筆は、武蔵野大学経営学部会計ガバナンス学科の教員である、鷹野、鵜川、榮田によります。なお、著書等の解釈に誤りがあれば今後訂正していきます。

　本書は、多くの先学や地方自治体の取組事例に支えられて作成したものです。この場を借りてお礼申し上げます。

　また、執筆にあたっては、第一法規の達川俊平氏に大変お世話になりました。ここに心より感謝を申し上げます。

　2021年4月

鷹野　宏行

鵜川　正樹

榮田　悟志

目　次

第1部　財務分析編

第1章　財務分析全般

1．はじめに …………………………………………………………………… 2

2．財務情報の利用者とそのニーズ ……………………………………… 3

3．財務情報活用の全体像 ………………………………………………… 4

4．発生主義会計とは ……………………………………………………… 6

5．発生主義会計の導入で期待される効果 ……………………………… 7

6．財務書類の関係と読み方 ……………………………………………… 9

7．財務書類のどこを読むか ……………………………………………… 9

8．財務書類の指標分析と自治体間比較の有用性 …………………… 15

✐ 演習問題 ……………………………………………………………… 22

第2章　財務情報の事業経営への活用

1．はじめに ………………………………………………………………… 26

2．事業経営の経済性、効率性、有効性 ……………………………… 26

3．事業別財務諸表の作成と分析 ……………………………………… 31

4．内部統制及び財務マネジメントの強化 …………………………… 36

✐ 演習問題 ……………………………………………………………… 39

第3章　財務情報の事業経営の効率化・有効性への活用事例

1．はじめに ………………………………………………………………… 42

2．予算編成への活用 …………………………………………………… 42

3．事業別分析と自治体間比較 ………………………………………… 47

4．まとめ …………………………………………………………………… 61

✐ 演習問題 ……………………………………………………………… 62

第4章　公会計情報の財政政策への活用

1．はじめに ………………………………………………………………… 68

2．現状の財政運営と財政指標 ………………………………………… 68

3．財務書類の財政運営への活用 ……………………………………… 69

4．公会計情報と財政健全化比率との連携 …………………………… 70

5．財務書類と中期財政見通しとの関係 ……………………………… 72

6．世田谷区の事例 ……………………………………………………… 73

✐ 演習問題 ……………………………………………………………… 78

▉第2部　財務会計編

第1章　公会計の基本的な考え方
1. 公会計制度改革の現状と背景・目的 ……………………………………… 82
2. 総務省の統一的な基準の概要 ……………………………………………… 85

第2章　公会計における財務書類
1. 統一的な基準による財務書類をつくってみよう ……………………… 90
2. 財務4表の成り立ち ……………………………………………………… 90
3. 財務4表の連繋 …………………………………………………………… 95

第3章　主な勘定科目の説明と実務上のポイント
Ⅰ. 貸借対照表 ………………………………………………………………… 98
1. 資産の意味 ……………………………………………………………… 98
2. 現金預金（歳計現金、歳計外現金） ……………………………… 98
3. 未収金（収入未済）、徴収不能引当金（不納欠損引当金） ……… 98
4. 基金（財政調整基金、減債基金、特定目的基金） ……………… 99
5. 事業用資産（普通財産、行政財産）とインフラ資産の評価 …… 99
6. 物品（重要物品、立木） …………………………………………… 101
7. 建設仮勘定 ……………………………………………………………… 102
8. 負債の意義 ……………………………………………………………… 102
9. 投資損失引当金、損失補償引当金 ………………………………… 102
10. 純資産 ………………………………………………………………… 102
Ⅱ. 行政コスト計算書、純資産変動計算書 ……………………………… 103
1. 行政コスト計算書 …………………………………………………… 103
2. 純資産変動計算書 …………………………………………………… 104
3. 減価償却の意味 ……………………………………………………… 105
Ⅲ. 資金収支計算書（キャッシュ・フロー計算書） …………………… 107
1. 資金収支計算書の意義 ……………………………………………… 107

第4章　決算業務の概要と実務上のポイント
Ⅰ. 貸借対照表 ……………………………………………………………… 110
1. 流動資産 ……………………………………………………………… 110
2. 固定資産 ……………………………………………………………… 111
Ⅱ. 行政コスト計算書、純資産変動計算書、資金収支計算書における仕訳科目の確認 … 116
Ⅲ. 決算事務のポイント …………………………………………………… 116
1. 減価償却費の決算事務 ……………………………………………… 116
2. 引当金の決算事務 …………………………………………………… 117
3. 有価証券・出資金の評価と減損処理 ……………………………… 122
4. 財務書類の公表時期について ……………………………………… 123
✐ 演習問題 ………………………………………………………………… 124

第5章　一般会計等財務書類、全体財務書類及び連結財務書類

1．企業会計（営利企業）における連結財務諸表の作成目的 ……………… 128

2．全体財務書類及び連結財務書類の作成目的 ……………… 129

3．財務書類の体系 ……………… 129

4．会計の範囲（連結対象団体） ……………… 130

5．連結財務書類の作成方法 ……………… 132

6．連結財務書類の分析 ……………… 141

7．まとめ ……………… 153

第3部　複式簿記編

第1章　簿記と財務書類

1．簿記の方法と計上基準 ……………… 156

第2章　複式簿記

1．複式簿記の基本 ……………… 159

2．財務書類の作成方法 ……………… 159

第3章　仕訳帳への仕訳と総勘定元帳への転記

1．企業会計の仕訳の考え方 ……………… 161

2．借方と貸方 ……………… 161

3．資産、負債、純資産、収益、費用と勘定科目 ……………… 161

4．増減のルール ……………… 162

5．企業会計における仕訳 ……………… 163

6．企業会計の総勘定元帳への転記 ……………… 165

7．地方公会計の仕訳の考え方 ……………… 169

8．地方公会計における仕訳 ……………… 169

9．地方公会計の総勘定元帳への転記 ……………… 171

第4章　企業会計の財務諸表の作成及び地方公会計の財務書類の作成

1．企業会計基準による財務諸表の作成 ……………… 177

2．地方公会計基準による財務書類の作成 ……………… 180

第5章　演習問題　仕訳から財務書類の作成まで ……………… 184

第6章　現在の官庁会計の問題点

1．仕訳の方法と期末一括仕訳の問題点 ……………… 201

2．予算科目と仕訳の勘定科目の一致 ……………… 202

・付録1：財務書類のひな型（総務省（2019）「統一的な基準による地方公会計マニュアル（令和元年8月改訂）」62-66頁）

・付録2：勘定科目一覧（総務省（2019）「統一的な基準による地方公会計マニュアル（令和元年8月改訂）」95-99頁）

・索引

装丁　ゲンタチエ デザイン株式会社

第1部　財務分析編

　第1部では、地方公会計の財務分析について、概要、事例の解説、演習問題という構成で進めていきます。複式簿記・発生主義会計に基づく地方公会計の導入の目的は、これからの自治体経営に求められるマネジメント機能の強化とアカウンタビリティの充実にあります。

　地方自治体における財務情報の活用は、財務情報だけでは完結せず、予算や業績評価と一体的に評価して、初めて自治体経営の全体像を説明できるという特徴をもっています。

　第1部財務分析編では、全体を4章に分けて、第1章「財務分析全般」、第2章「財務情報の事業経営への活用」、第3章「財務情報の事業経営の効率化・有効性への活用事例」、第4章「公会計情報の財政政策への活用」を記載しています。

　第1章では、財務分析に当たり、財務情報の意義についてみていきます。財務情報は、税金を徴収して行政サービスを提供する自治体の説明責任を果たすとともに、利用者の意思決定に役立つという目的があります。財務情報活用の全体像、発生主義会計の導入で期待される効果、財務書類のどこを読むかを見ていきます。財務書類の指標分析の意義と自治体間比較の有用性について、事例を取りあげてみていきます。

　第2章では、財務情報の事業経営への活用（ミクロ活用）について、事業経営の経済性、効率性、有効性に焦点をあてて、事業別コストの見方について、事例を紹介しながら説明をします。

　第3章では、財務情報の事業経営の効率化・有効性向上への活用事例について、2つの視点から説明します。第1の視点は、予算編成への活用です。予算査定に先立ち、中期的な経営の視点から事業評価を行うことにより、予算編成に活用するというものです。第2の視点は、事業評価への活用です。財務情報を事業の業績評価（行政評価）と統合することにより、議会への説明と行政の振り返りに活用するというものです。

　第4章では、公会計情報の財政政策への活用（マクロ活用）について説明します。公会計の情報価値として、資産、地方債と引当金等の負債、資産と負債の差額としての純資産を把握できるという側面があります。また、行政コストと財源（税収等）が均衡しているかどうかがわかります。これは世代間負担の衡平性の指標といわれるものであり、財政政策への理解を深めるために有用なものであることを説明します。

■ 第1章　財務分析全般

1．はじめに

　地方公会計について、総務省は、「統一的な基準による地方公会計の整備促進について」（総財務第14号平成27年1月23日）において、人口減少・少子高齢化が進展している中、財政のマネジメント強化のため、地方公会計を予算編成等に積極的に活用し、地方自治体の限られた財源を「賢く使う」取組を行うことは極めて重要であるとして、現行法規上要求される現金主義会計にもとづく決算報告書等（官庁会計）をそのまま保持しながら、統一的な基準による財務書類等を原則として平成27年度から平成29年度までの3年間で全ての地方公共団体において作成し、予算編成等に積極的に活用するように、地方自治体に要請しました。

　複式簿記・発生主義会計に基づく地方公会計の導入は、明治以来の地方自治体の会計制度を根本的に変革するものです。会計制度改革の目的は、これからの自治体経営に求められるマネジメント機能の強化とアカウンタビリティの充実にあります。

　地方自治体において、発生主義会計の導入は、これまでの一般会計・特別会計の歳入・歳出決算書等に加えて、資産・負債情報やコスト情報が加わることを意味しています。これは、情報の多様化と同時に理解しにくさをもたらしますが、新しい経営のあり方をもたらすメリットがあります。地方自治体における財務情報の活用は、財務情報だけでは完結せず、予算や業績評価と一体的に評価して、初めて自治体経営の全体像を説明できるという特徴をもっています。

　本章では、なぜ公的部門で新公会計という会計改革が進展してきたのかを簡単に振り返り、わが国の地方自治体においても、住民に対して、税金の使い道を説明するという公的説明責任とともに、より効率的で効果的な行政サービスの提供がなされているかどうかがわかる情報が求められていることを説明します。

　2．財務情報の利用者とそのニーズでは、情報の利用者である住民の意思決定にとって、どのような情報が必要なのかを整理します。

　3．財務情報活用の全体像では、財務情報活用の全体像をマクロ（財政運営）とミクロ（事業経営）の2つの視点と、マネジメント（経営）とアカウンタビリティ（説明責任）の2つの目的からみていきます。

　4．発生主義会計とはでは、現金主義会計と発生主義会計の相違点を比較します。

　5．発生主義会計の導入で期待される効果では、具体的な事例をみていきます。

　6．財務書類の関係と読み方では、官庁会計と財務書類の関係を説明します。

　7．財務書類のどこを読むかでは、企業会計とは異なる公会計の視点から、具体的な財務諸表の意味を説明します。

8．財務書類の指標分析と自治体間比較の有用性では、「新公会計制度普及促進連絡協議会」の報告書を手掛かりにして、自治体間比較の目標、留意点（固定資産の評価方法、臨時財政対策）、指標の算定基礎の整理を行います。その後、報告書の事例結果をもとに、指標分析の有用性について検討します。この報告書では、同一自治体の経年比較には有用性がありますが、自治体間比較では、固定資産の評価方法の違いにより、ストック指標にはばらつきが大きく、他方、フロー指標には比較可能性があることが指摘されています。追加的な指標についても説明しています。

2．財務情報の利用者とそのニーズ

公的部門の会計改革は、英国、米国など海外先進国において、行政におけるアカウンタビリティ（公的説明責任）の進展と行政活動の効率化を背景に進展してきました。

地方自治体は納税者からの税金で公的サービスを提供していますが、議会や住民からは、財政運営の安定とともに、より効率的で効果的なサービスの提供が求められています。これまでのように予算の遵守状況を決算（歳入歳出決算書や財産の調書等）で報告することは基本的に変わりませんが、これまでの報告に加えて、新公会計の財務報告を行うことにより、議会や住民の情報ニーズに対応していくことが必要になっています。

議会や住民の知りたい情報としては、財政の健全性や持続可能性、世代間負担の衡平性等があり、また、行政サービス提供の努力と成果（事業別フルコストとその成果）などがあります。

住民は、納税者であり、公共サービスの受領者であり、有権者です。また、議会は住民を代表する機関です。住民は、立法や行政に対して、様々な意思決定をしています。例えば、首長・議員の選出など投票による意思決定、自治体の財務業績の査定、自治体が課す税金や料金の水準の評価、提供されたサービスの量と質の評価などがあります。

住民や議会が必要とする情報ニーズには次のようなものがあります。例えば、資金が予算どおりに執行されたか、予算の超過や予算の執行残がないか、効果的なコスト抑制が実施されているか、提供されるサービスの質的・量的な改善がなされているか、個々の事業の内容はわかりやすく説明されているか、サービス提供能力の持続可能性はあるか、債務返済能力はあるか、子どもや孫への財政負担がないかなどです。

行政の首長やマネジメント（経営層）にとっても、財務情報は、行政の基礎情報（資産・負債・費用の管理、予算編成・事業評価への活用）であり、財務情報の見える化や、住民と議会への説明責任を果たすうえでも、必要な情報になります。行政のマネジメントにとっては、住民の視点から財務情報を理解し説明することが大切です。

地方債等の債権者・与信者にとっては、地方自治体が借入金を約定どおり返済できるかどうか、債務償還能力を評価するために必要な情報になります。

これを整理したものが図表1になります。

図表1　財務情報の利用と情報ニーズ

財務情報の利用者	意思決定	情報ニーズ
住民（納税者、公共サービスの受領者、有権者） 議会（住民の代表）	・首長・議員の選出や投票による意思決定 ・自治体の説明責任と業績の査定 ・自治体が課す税金や料金の水準の評価 ・提供されたサービスの量と質の評価	・資源が予算どおりに執行されたか、予算の超過や予算の執行残がないか。 ・効果的なコスト抑制が実施されているか。 ・提供されるサービスの質的・量的な改善がなされているか。 ・個々の事業の内容はわかりやすく説明されているか。 ・サービス提供能力の持続可能性はあるか。 ・債務返済能力はあるか。 ・子どもや孫への財政負担がないか。
行政の首長やマネジメント（経営層）	・行政の基礎情報（資産・負債・費用の管理、予算編成・事業評価への活用）	・財務情報の見える化。 ・住民と議会への説明責任を果たす。
債権者・与信者	・地方債の購入、資金提供	・債務償還能力を評価する。

（出典：筆者作成）

　財務情報の主たるものは財務書類（財務諸表）になります。財務書類とは、貸借対照表（年度末における資産及び負債・純資産）、行政コスト計算書、純資産変動計算書（1年間の行政活動に伴う全ての費用とその財源が均衡しているかどうかを表すもの及び純資産の変動）、資金収支計算書（キャッシュ・フロー計算書：1年間の現金収支を業務、投資、財務の3区分で表示）からなります。

　財務情報の活用のためには、財政状態及び財務業績の分析だけでなく、官庁会計（予算・決算）との関係、事業評価など（非財務情報）を含めて総合的に分析することが、自治体経営の状況を説明するうえで重要になります。

3．財務情報活用の全体像

　財務情報活用は、マクロ（財政運営）とミクロ（事業経営）という2つの視点と、マネジメント（経営）強化とアカウンタビリティ（説明責任）の充実という2つの目的からみることができます（図表2参照）。

　公会計は、発生主義会計に基づく財務情報です。発生主義会計の大きなメリットは、資産・負債・純資産という財政状態がわかることと、行政サービスのコストが見えるように

図表2　財務情報活用の全体像

目的＼視点	マクロ（財政運営）	ミクロ（事業経営）
マネジメント（経営）の強化	財政全体の分析 新たな分析手法による「財政の持続可能性」の評価等	個別事業の分析と評価 ・マネジメントサイクルの確立 ・個別事業の分析と成果
アカウンタビリティ（説明責任）の充実	財政運営の説明 ・年次財務報告書の作成・公表 ・財政政策の振り返りと今後の見通しなど	主要な事業の実施状況の説明 ・「主要施策の成果」等による住民への説明 ・個別事業の真の財務情報を提供

（出典：東京都を参考に筆者作成）

図表3　総務省の統一的な基準に基づく財務書類の活用の全体像

行政内部での活用	
マクロ的な視点からの活用	ミクロ的な視点からの活用（セグメント分析）
財政指標の設定 ・資産老朽化比率による施設再整備の優先順位の検討 ・住民1人当たり資産額、歳入額対資産比率 ・世代間公平性、持続可能性、効率性、弾力性、自律性などの指標と分析 ・財政健全化法の指標との組み合わせ ・類似団体との比較	予算編成への活用 ・施設の統廃合 　人口減少、施設別コスト、利用者1人当たりコスト、地理的条件 ・受益者負担の適正化 　利用者1人当たりコスト、使用料・手数料の改定 ・行政評価との連携 　フルコスト情報に基づくより精緻な行政評価、指定管理者制度の導入 ・人件費等の按分基準の設定 　人件費、減価償却費、地方債利子等の事業別按分による正確なコストの把握と分析 ・新規予算要求における事業別コストの比較 　（施設の移転、投資等）
適切な資産管理 ・将来の施設更新必要額の「見える化」と公共施設等総合管理計画の策定 ・未収債権の「見える化」と徴収体制強化	

行政外部での活用
住民への公表や地方議会での活用 ・住民への「理解可能な」わかりやすい財務情報の提供 ・議会の決算審議へのセグメント・事業別情報の提供
地方債IRへの活用 ・市場公募債の発行とIR説明会での情報提供 ・投資家に理解しやすい情報の提供
PPP／PFIの提案募集 ・公共施設等の効果的・効率的な運営と民間資金・ノウハウの活用

（出典：総務省（2019）「統一的な基準による地方公会計マニュアル（令和元年8月改訂）」336頁〜340頁、348頁〜349頁を参考に筆者作成）

なること（可視化）です。財務情報の活用として、まず、自治体全体の財政状態と財務業績を分析して説明すること（マクロ・財政運営の視点）が、重要になります。それだけにとどまることなく、個々の組織・事業の経営成績の点検と評価ができること（ミクロ・事業経営の視点）が、車の両輪となって、経営改革に役立つものです。

　総務省の統一的な基準に基づく財務書類においても、基本的な考え方は、財務情報活用の全体像（図表2）と同じですが、具体的な指標を事例として入れています（図表3参照）。

4．発生主義会計とは

　公会計制度のもとにおいては、2つの財務情報、すなわち現金主義会計（官庁会計）による予算・決算と、発生主義会計による財務報告が併存することになり、行政の責任者はその両方に責任を持つことになります。

　現金主義会計とは、現金・預金に焦点をあて、現金・預金が変動したときにその増加・減少と残高を把握する会計システムです。このシステムにおいては、現金・預金の増加・減少の原因を勘定に集約して収支計算書（歳入歳出決算書）を作成しますが、貸借対照表は作成せず、現金・預金残高のみが報告されます。

　現金主義会計のもとでは、短期的な視点から事業運営に必要な現金の金額が把握されますが、中長期的な視点から事業運営に必要な資産や負債のストック情報や、事業運営のためのコスト情報が提供されないという限界があります。

　発生主義会計とは、全ての経済資源（現金・預金、有形固定資産、投資、退職給付引当金、借入金等）に焦点を当て、経済資源が変動したときにその増加・減少と残高を把握する会計システムです。発生主義会計においてはじめて、貸借対照表、行政コスト計算書、純資産変動計算書、資金収支計算書（キャッシュ・フロー計算書）が作成されます。貸借対照表において、事業経営に必要な有形固定資産や借入金等のストック情報が計上されます。行政コスト計算書と純資産変動計算書において、事業運営のコスト（経済資源の費消額）とその財源（収益）が計上されます。資金収支計算書（キャッシュ・フロー計算書）において、資金の調達と使途という現金収支が計上されます。発生主義会計においても、現金主義会計で提供されていた現金収支の情報は、その重要な意味は変わることがなく、ストック情報とコスト情報と一体となって提供されるものといえます。

　現金主義会計と発生主義会計の比較を整理したものが、図表4です。

図表 4　現金主義会計と発生主義会計の比較（会計の基礎、認識の焦点）

会計方式	事象・取引の認識時点	認識の対象 （貸借対照表の計上項目）	組み合わされる 記帳方式
現金主義会計	入金・出金の時点	現金預金のみ	単式簿記
発生主義会計	事象または取引の発生時点	全経済資源 （現金・預金、有形固定資産、投資等、退職給付引当金、借入金等）	複式簿記

（出典：筆者作成）

5．発生主義会計の導入で期待される効果

　発生主義に基づく財務情報が、財務会計システムから作成されることにより、財務数値の信頼性が大きく高まり、業績評価における財務分析がより容易になるなど、業務の効率性が高まることが期待されます。発生主義会計の導入により、どのような効果が期待されるのでしょうか。ここでは、官庁会計（現金主義会計）の改善による効果と、新たな財務書類を活用することによる効果を具体的に比較することで、発生主義会計の効果を検討してみます。

（1）財政運営−経常収支と資本収支の区分

　マクロ的な財政運営について、官庁会計のもとでの改善で対応するとすれば、歳入歳出決算書の現金収支を、経常収支と資本収支（投資収支）の 2 区分に分ける方法があります。これに財務収支を対応させることにより、借入金の使途が投資のためか、あるいは経常支出のためかを明確にできます。

　他方、発生主義会計では、貸借対照表、行政コスト計算書、純資産変動計算書、資金収支計算書(キャッシュ・フロー計算書)の 4 表が作成されます。発生主義会計においても、現金収支の情報は、自治体経営の基本的な情報であることは変わりありません。資金収支計算書は、現金収支を、業務活動、投資活動、財務活動の 3 区分に分けたものであり、経常収支と資本収支の区分が新しい情報として加わることにより、経常的な収支で黒字になっているかなど財政状況がよりわかりやすくなります。これにより、日常的な資金管理のみでなく、資本的支出の管理、資金調達の管理など中長期的な計画とコントロールを向上させることができます。

　現代の社会は少子高齢化が進んでいることから、財政の持続可能性を保持し、世代間負担の衡平性を図ることは、財政政策の重要な課題になります。官庁会計においては、借入金の残高水準をコントロールすること、現金ベースの財政収支の均衡（黒字）を図ることが財政指標として利用されています。これに加えて、発生主義会計における財政運営の指

標として、貸借対照表の借入金や純資産の水準の推移、行政コスト計算書及び純資産変動計算書の当期収支差額を活用することができます。これらの情報を分析することにより、財政状況の危機感（健全性）をよりわかりやすく説明することができるようになります。

　また、地方自治体の資金調達は多様化が進んでおり、地方債の発行は、平成18年度より許可制度から事前協議制度へ移行しています。市場公募債の発行は、市場原理のもとでは、地方自治体の信用力を反映して調達金利が決定されます。発生主義会計に基づく財務情報（財政状態、財務業績）は、資金提供者や投資家の意思決定に有用な情報を提供することができます。

（2）事業経営－事業別収入・支出の管理

　ミクロ的な事業経営について、官庁会計のもとでの改善で対応するとすれば、現金収支と、サービス提供の支出とそれに関わる財源（特定の収入）を対応させることで、現金収支ベースで、事業の採算性や受益者負担の適正性を判断するために有用な情報が得られます。

　発生主義会計においては、事業別財務諸表を作成することにより、事業経営に必要な資金（現金所要額）だけでなく、事業経営で利用している資産・負債のストック情報と、事業運営のためのコストを正確に把握することができます。事業別財務情報と業績評価を統合することにより、事業の効率性や採算性、受益者負担の適正性、事業の成果とコストをより適切に評価するための基礎情報を得ることができます。その成果を公表することにより、住民や議会は、行政の事業経営の努力と成果について評価が可能になります。

　発生主義会計導入の効果について整理したものが、図表5になります。

図表5　発生主義会計導入で期待される効果（例）

	発生主義会計の情報の活用	期待される効果
財政運営	資金収支計算書（キャッシュ・フロー計算書）は、現金収支を業務収支、投資収支、財務収支に区分することにより、官庁会計と連携することができる。	経常的収支と資本的支出の区別、資金調達の管理など中長期的な財政計画の作成とコントロールの向上が期待できる。
	借入金の水準と財政収支（現金ベース）の均衡を図ることに加えて、貸借対照表の純資産の水準の推移、行政コスト計算書及び純資産変動計算書の当期収支差額を財政指標として活用できる。	発生主義会計の財政指標を使うことにより、財政の持続可能性や世代間負担の衡平性をわかりやすく評価できる。
	資金調達の多様化にともない、市場公募債の発行において、投資家の意思決定に有用な財務情報を提供できる。	財務業績や財政状態の強化により有利な資金調達が可能になる。投資家へのアカウンタビリティを果たすことができる。

事業経営	発生主義会計に基づく事業別財務諸表の作成により、事業経営に必要な資産・負債情報、コスト情報、現金所要額を総合的に把握することができる。財務情報と業績評価の統合により経営評価の基礎となる。	事業のフルコスト、効率性、有効性、受益者負担の適正性を総合的に評価できる。

（出典：筆者作成）

６．財務書類の関係と読み方

　財務書類の関係を見る場合、資金収支計算書（キャッシュ・フロー計算書）から見るとわかりやすいです。資金収支計算書（キャッシュ・フロー計算書）は、官庁会計の歳入・歳出決算書を業務活動、投資活動、財務活動の３区分に組み替えたものに相当しますが、官庁会計よりも資金の流れがわかりやすくなっています。

　資金収支計算書（キャッシュ・フロー計算書）の業務活動の収入・支出は、行政コスト計算書及び純資産変動計算書の収支へ反映されます。投資活動の収入（建設補助金等）は純資産変動計算書へ反映されて、支出（投資）は貸借対照表の資産（固定資産や基金）の増加へ反映されます。財務活動の収支は負債の借入金の増減に反映されます。

　行政コスト計算書及び純資産変動計算書の収支には、現金収支を伴うものに加えて、減価償却費や退職手当引当金等の非資金取引が、貸借対照表の資産・負債の変動を通して計上されます。当期収支差額は、企業会計の純利益に相当しますが、財務業績の良し悪しを表します。当期収支差額は、貸借対照表の純資産の増加（減少）になります。

　貸借対照表は、資金収支計算書（キャッシュ・フロー計算書）と行政コスト計算書及び純資産変動計算書のフローを反映した結果、期末時点の資源の調達（負債・純資産）と資源の運用（資産）を表わしています。財務書類の関係について図表６を参照してください。

７．財務書類のどこを読むか

　次に、財務書類のどこを見ていくのかを、企業会計とは異なる意味をもつことに注意しながら、世田谷区の平成30年度財務諸表から主要な数値を選んで、その意味をみていきます（図表７参照）。

（1）貸借対照表

　貸借対照表は、会計年度末の資産・負債・純資産の残高を示すものです。これは、資金の運用（資産）と調達（負債・純資産）を表します。純資産の残高推移は、長期的な視点からは世代間負担の衡平性の指標となりますので、これがマイナス（債務超過）の状況ですと将来の増税やサービス低下をもたらします。

　世田谷区の平成30年度の借入金（特別区債）は647億円と前年比較では増加していますが、

図表6 財務諸表の関係

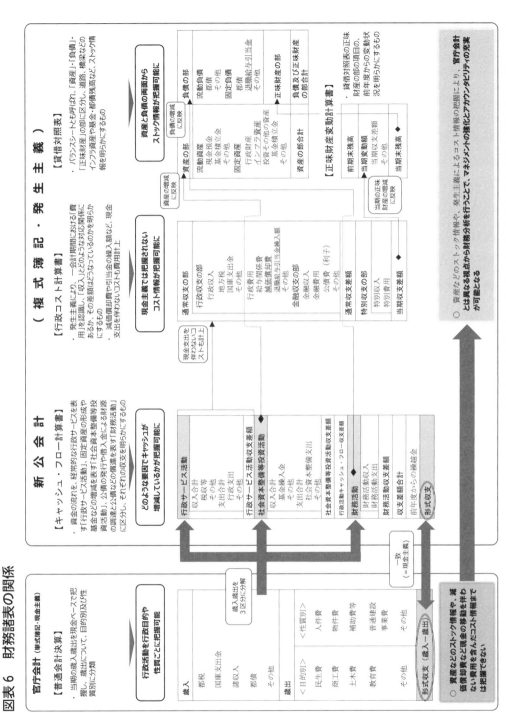

（出典：東京都（2019）「平成30年度東京都年次財務報告書」14頁～15頁）

図表7　世田谷区の財務諸表

貸借対照表

（単位：百万円）

資産		負債	
固定資産	1,674,771	地方債	64,742
有形固定資産	1,600,796	退職手当引当金	35,077
事業用資産	593,349	賞与等引当金	1,844
インフラ資産	980,321	負債合計	101,747
投資その他の資産	73,207		
長期貸付金	3,381		
基金	66,553	純資産合計	1,623,261
流動資産	50,238		
資産合計	1,725,009	負債・純資産合計	1,725,009

資金収支計算書

（単位：百万円）

業務活動収支	
業務支出	257,231
業務収入	284,333
業務活動収支	27,101
投資活動収支	
投資活動収支	36,519
公共施設整備費支出	21,763
基金積立支出	11,874
貸付金支出	2,882
投資活動収入	7,789
国庫等補助金収入	5,579
基金取崩収入	172
貸付金元金回収収入	1,427
投資活動収支	△ 28,730
財務活動収支	
地方債等償還支出	4,376
地方債等発行収入	9,806
財務収支	5,430
本年度資金収支	3,801

行政コスト計算書

（単位：百万円）

経常費用	262,181
人件費	51,215
物件費等	61,857
その他	23,850
移転費用	125,259
経常収益	18,500
使用料等	10,857
純経常行政コスト	243,681
臨時損失	685
臨時利益	89
純行政コスト	244,277

純資産変動計算書

（単位：百万円）

純行政コスト	244,277
財源	271,158
税収等	202,209
国庫等補助金	68,689
本年度差額	26,881

（出典：世田谷区（2019）「平成30年度財務諸表」を参考に筆者作成）

借入金の水準は行政収入2,838億円（税収等2,022億円＋国庫補助金等のうち経常的補助金631（＝687－56）億円＋その他収入185億円＝2,838億円）の0.23年分と低い水準に抑制されていることがわかります。平成30年度末の純資産は1兆6,232億円となり、総資産に対して94%を占めています。インフラ資産、行政財産など売却を目的としていない資産を多額に保有していますが、その財源としては将来返済しなければならない借入金は少なく、税収等の自己財源に多く拠っていることがわかります。

（2）行政コスト計算書及び純資産変動計算書

　行政コスト計算書及び純資産変動計算書は、1年間に提供されたサービスのコストが当該年度の収入で賄われたかどうかを表すものです。これは「期間負担の衡平性」といいますが、長期的には「世代間負担の衡平性」を表す指標となります。世代間負担の衡平性を図ることは、財政収支（現金ベース）の黒字を維持することとともに、財政運営の基本的な目標（財政の持続可能性）になります。行政コスト計算書及び純資産変動計算書の当期収支差額が赤字であると、将来への負担の先送りや過去に蓄積した資産の食い潰しをしていることを意味します。これが黒字であると、将来にわたるサービス水準の持続可能性が高いことを意味します。

　世田谷区の行政コスト計算書及び純資産変動計算書の収支差額は、平成30年度は213億円の黒字でした。経常収支では、地方税等の収入に占める割合が高いため、景気動向や住民の所得の変動に影響を受けることがわかります。

（3）資金収支計算書（キャッシュ・フロー計算書）

　資金収支計算書（キャッシュ・フロー計算書）は資金の流れと残高を示し、貸借対照表と行政コスト計算書及び純資産変動計算書を補完し、財政状態をより明らかにします。資金収支計算書（キャッシュ・フロー計算書）は、業務活動、投資活動、財務活動に3区分されます。

　業務活動と投資活動を合わせたキャッシュフロー（収支差額）は、民間企業でいうフリー・キャッシュフローと同じものです。フリー・キャッシュフローが黒字にならないと借入金の残高を減少することができません。

　世田谷区のフリー・キャッシュフローは、平成30年度は△16（＝271－287）億円の赤字でした。ただし、資金収支計算書（キャッシュ・フロー計算書）の投資活動には、基金積立金が含まれていますので、基金の積立・取崩を総合してみておく必要があります。投資活動では、基金が117（＝118－1）億円増加（純額）しています。また、公共施設整備支出217億円から特定財源である国庫支出金56億円、財産収入6億円（投資活動収入78億円の一部）及び特別区債発行額98億円を控除した残額56億円に、一般財源が充当されていることがわかります。

　その結果、業務活動収支差額271億円の充当先は、区債の返済に44億円、投資活動へ189

億円（内訳は貸付金15（＝29－14）億円、公共施設整備56億円、基金積立118億円）を充てて、残りの38億円は現金預金の増加となっていることがわかります。

公共投資については、支出年度だけで全額を負担するのではなく、地方債の発行と償還をとおして後年度の世代にも負担してもらうという考え方（世代間負担の衡平性）があります。このような財政運営は、企業会計にないもので、自治体固有なものといえます。

（4）財政指標の意味

次に、財政指標の意味について検討します。財政指標の目的は、全体的な財務状況を測定し報告しかつ追跡できるような指標を掲げることで、財務情報の一般的な利用者が財務の健全性の度合いをよりよく理解できることです。民間企業の経営評価にROE（株主資本当期純利益率）やROA（総資本経常利益率）がよく用いられますが、投資家はこれだけをみているわけではありません。民間企業においては、利益の源泉とそれを成長させていく経営戦略が重視されており、株主価値だけでなく、従業員、取引先、地域にとっても価値のある存在であることが求められています。

地方自治体においては、財政運営というマクロの面（中長期財政フレームワークや財政指標の開発等）と、事業経営というミクロの面（予算プロセス改革と業績評価によるマネジメント改革）との両面での効率化があって、はじめて全体の効率性が高まるものですから、この両面を注視していくことが重要です。

それでは、これから財政指標の意味についてみていきます。

① 行政コスト計算書及び純資産変動計算書

行政収入（財源）は、サービス・コストを賄う財源であり、現在の課税水準を表します。

行政費用は、提供されたサービスのフルコストを意味し、サービスの水準と量を表します。

金融収支は、資金調達に係るコスト（地方債の支払利息）と、基金等の資産運用の収益（受取利息等）の差額（純金融費用）を表します。地方債残高が大きいと、金利が上昇したときに、財政に与える影響が大きいことを意味します。

本年度差額は、財源等の行政収入と行政費用の差額です。1年間のサービス提供に係るコストが、その年度の収入で賄えたかどうかを表します。もしも、本年度差額が赤字である場合、中期的には、サービス水準の低下あるいは増税をしないと財政の持続可能性が危うくなることを意味します。もしも、本年度差額が黒字である場合、将来にわたってサービス提供が持続可能であることを意味します。本年度差額は、世代間負担の衡平性を表す指標といえます。

② 貸借対照表

貸借対照表の借入金の水準は、財政の持続可能性の指標です。将来にわたり返済可能な水準かどうか、例えば、税収等収入の何年分に相当するのか、業務活動収支差額の何年分に相当するのかは、債務償還能力を図る指標になります。

純資産の水準は、資産と負債の差額として計算されるものですから、資産の評価方法によって金額が異なります。資産より負債が大きいという債務超過になっている場合、固定資産の投資に結び付かない地方債（臨時財政対策債等）の残高が大きいかもしれません。あるいは、本年度差額が赤字であり、純資産の残高が減少しているかもしれません。また、資産超過になっているとしても、売却できる資産はほとんどないことから、借入金の返済に充当できる資産がないことが多いです。

　したがって、純資産の金額そのものを評価するのは難しいですが、純資産の推移は、財政の持続可能性と、世代間負担の衡平性の指標となります。

③ 資金収支計算書（キャッシュ・フロー計算書）

　業務活動収支が、現金ベースの（投資前、地方債返済前の）経常的な収支を表しています。ここで赤字になると、経常的なサービス提供に支障が出ることになります。臨時財政対策債によって財源の手当てをしている場合、将来、地方交付税により補填されるとしても、臨時財政対策債は自治体の負債であることには変わりませんので、サービス提供の水準に影響が出る可能性があります。業務活動収支が黒字になってはじめて、地方債の返済や投資の財源に充当することができます。

　業務活動収支と投資活動収支の差額（フリー・キャッシュフロー）は、赤字の場合、地方債の発行により地方債の残高が増加することを意味しています。黒字の場合、地方債の残高を減少させることができます。ただし、世田谷区の資金収支計算書（キャッシュフロー計算書）の分析でも記載しましたが、投資活動には、基金の取崩と積立が含まれていますので、注意が必要です。基金の積立が取崩よりも多い場合、いわば貯金が多いということですので、地方債の残高が増加しているとしても、その分を考慮して見ることが必要です。地方債の発行は、土地や建物などの有形固定資産の取得と結びついている場合、後年度負担の衡平性の観点から見ることができますので、償還可能な範囲にあるのかどうかということと併せて見ることが必要です。

　これらの財政指標をもとに、世田谷区の実績をいれると図表8のようになります。

図表8　世田谷区の主要な財政指標　　　　　　　　　　　　　　　　　（単位：億円）

財務諸表	財政指標	意　　味	平成30年度
行政コスト計算書及び純資産変動計算書	行政収入（財源）	課税水準、サービス・コストを賄う財源（税収等2,022億円＋国庫補助金等のうち経常的補助金631億円＋その他収入185億円＝2,838億円）	2,838
	行政費用	提供されたサービスのフルコスト（経常費用2,621億円－金融費用4億円＝2,617億円）	2,617

	金融収支	地方債の支払利息等の純金融費用 （金融費用4.3億円－金融収益2.6億円＝ 1.7億円）	2
	本年度差額	サービスの受益と負担の関係（△は現世 代の受益が負担より大きい）	269
貸借対照表	借入金（地方債）	財政の持続可能性（将来世代の負担）	647
	純資産	資産と負債の差額及び収支差額の累積 （現世代の負担） 財政の持続可能性、世代間負担の衡平性 の指標	1兆6,232
資金収支計算書 （キャッシュ・ フロー計算書）	業務活動収支差額	赤字の場合、赤字地方債の発行となり、 負担の先送りを意味する	271
	業務活動と投資活動の差額（フリー・キャッシュフロー）	行政活動（サービス・社会資本整備）の 現金収支差額が、赤字の場合、借入金の 増加を意味する（業務活動収支271億円 ＋投資活動収支△287億円＝△16億円） （注）基金の積立を考慮する必要がある （基金積立119億円を除くと102億円 のプラス）	△16

（出典：筆者作成）

8．財務書類の指標分析と自治体間比較の有用性

　次に、財務書類の指標分析と自治体間比較の有用性について検討します。

　ここでは、東京都をはじめ17自治体で構成する「新公会計制度普及促進連絡会議[1]」の「検討部会報告書」（令和元年5月21日）を参考にして説明します。なお、総務省における活用の研究会は、「地方公会計の整備」としてホームページにまとめられていますので、ご参照ください。

（1）自治体間比較の目標

　自治体間における財務諸表の比較・分析手法を検討していくにあたり、まず、「何のために自治体間比較を行うのか」という目標を明確にしています。目標は、アカウンタビリティの充実とマネジメントの強化です。具体的には、次のことをあげています。

（アカウンタビリティ）

注（1）新公会計制度普及促進連絡会議の構成自治体：東京都、大阪府、新潟県、愛知県、東京都町田市、大阪市、東京都江戸川区、大阪府吹田市、福島県郡山市、東京都荒川区、東京都福生市、東京都八王子市、東京都中央区、東京都世田谷区、東京都品川区、東京都渋谷区、東京都板橋区、千葉県習志野市（オブザーバー）

「自分の自治体の位置付けや財政構造の特徴を把握したい」

「自治体の特徴をわかりやすく住民に説明する」

（マネジメント）

「資産総量の見直しなど適正な自治体規模の実現」

「受益者負担の適正化」

前項の財務書類の見方でも検討しましたが、まずは、公会計と企業会計との相違に留意する必要があります。企業会計の財務諸表は、売上や利益の目標（予算は作成していても、業績見通しを公表している企業もあれば、公表していない企業もあります）とその結果の達成状況を表しています。他方、公会計では、議会で議決された「予算」に基づく行政活動の結果であり、特に歳出に関しては「事業の実施規模」を表しているという違いがあります。例えば、費用を分析する視点として、自治体では、事業の規模である歳出の規模や内容の分析が重視されます。

次に、比較対象とすべき自治体について、基礎的自治体である区市町村では、地理的に近隣の自治体、都道府県や政令市では、都道府県や政令市同士の比較が有効と整理しています。

対象となる会計は、一般会計等です。

（2）比較するうえでの留意点

財務書類を比較するうえで、留意する事項が2点あります。インフラ資産の評価基準の相違と、臨時財政対策債の取扱いです。

① インフラ資産の評価基準の相違

資産の比較に関して留意すべき点として、「インフラ資産の評価基準」があげられます。インフラ資産のうち、財務諸表の作成開始年度以前から存在する「既存の道路の土地」について、統一的な基準では、

・取得価額が不明な場合には備忘価額1円とする

・昭和59年度以前に取得した土地は取得価額不明とみなす（＝備忘価額1円）

としています。

このうち、「取得価額が不明」とした範囲は、自治体ごとに異なっています。例えば、A自治体は道路の土地のうち3割の取得価額が不明、B自治体は7割が取得価額不明としており、備忘価額1円とした範囲が異なるため、インフラ資産の金額に大きな違いが出てしまいます。

したがって、財務指標の中で、資産（固定資産、インフラ資産）を分母あるいは分子とする指標は、単純には比較ができないことになります。

② 臨時財政対策債の扱い

負債の比較に関して留意すべき点として、「臨時財政対策債の扱い」があげられます。

臨時財政対策債は、地方交付税の財源不足分に充てられる地方債ですが、官庁会計上の起債による「歳入」という扱いとは異なり、公会計では「収入（収益）」ではなく「負債の増加」となります。

　このため、官庁会計で歳入歳出が均衡している場合でも、公会計では、「税収等」の収入が不足するという見え方となってしまいます。また、通常分の建設公債では固定資産の増加を伴うため、資産と負債のバランスは取れていますが、臨時財政対策債には対応する固定資産がないため、資産と負債のバランスが悪化する要因となります。

　ただし、臨時財政対策債の元利償還金相当額は、地方交付税の基準財政需要額に算入されることを踏まえると、単に「負債」と捉えるだけではなく、臨時財政対策債の起債で収入が補填されることや、負債全体における臨時財政対策債残高の割合など、自治体間の比較に当たっての考慮が必要です。

　臨時財政対策債は、自治体全体でみると財源不足がある限り償還財源は存在しないため、毎年の償還費全額を実質的な借換債の発行で賄い、償還財源の確保を先送りしていることになります。財政健全化法のもとでの集計対象債務には、臨時財政対策債分は実質的には全く含まれていませんが、自治体全体の残高は、平成18年度末で54兆円に達します。この債務は、結局のところ、地方全体の債務になることから、個別自治体においても返済意識を高め、財政健全化への財政指標としてガバナンス効果を意識することが求められています[2]。

（3）財政指標の算定基礎の整理

　総務省より公表されている指標として「財務書類等活用の手引き」（総務省）の指標があります（図表9参照）。

図表9　総務省「統一的な基準による地方公会計マニュアル」における指標例

分析の視点	住民等のニーズ	主な指標
資産の状況	将来世代に残る資産はどれくらいあるか	・住民一人当たり資産額 ・有形固定資産の行政目的別割合 ・歳入額対資産比率 ・有形固定資産減価償却率
資産と負債の比率	将来世代と現世代との負担の分担は適切か	・純資産比率 ・将来世代負担比率

注（2）赤井伸郎・石川達哉「財政健全化法の課題　真の実質債務総額考慮を」日本経済新聞2020年2月12日経済教室

負債の状況	財政に持続可能性があるか （どのくらい借金があるか）	・住民一人当たり負債額 ・基礎的財政収支（プライマリーバランス） ・債務償還可能年数（参考）
行政コストの状況	行政サービスは効率的に提供されているか	・住民一人当たり行政コスト ・性質別・行政目的別行政コスト
受益者負担の状況	歳入はどのくらい税金等でまかなわれているか （受益者負担の水準はどうなっているか）	・受益者負担の割合

（出典：総務省（2019）「統一的な基準による地方公会計マニュアル（令和元年8月改訂）」323頁）

　連絡協議会において、上記の指標を参考にして、中間報告（平成30年11月）時点で参加自治体の財務諸表をもとに事務局で試算を行ったところ、図表10のような結果になりました。

図表10　財務書類等活用の手引き指標の試算

主な指標	都府県	区市
・住民一人当たり資産額（万円）	79.5〜231.1	147.9〜477.7
・有形固定資産の行政目的別割合	－	－
・歳入額資産比率（％）	230〜461	350〜1,258
・資産老朽化比率（％）	45.3〜68.2	28.2〜66.9
・純資産比率（％）	7.9〜79.1	82.5〜98.7
・社会資本等形成の世代間負担比率（％）	24.1〜71.3	0.5〜15.6
・住民一人当たり負債額（万円）	48.3〜129.1	6.1〜34.0
・基礎的財政収支（百万円）	▲55,320〜142,546	▲4,683〜3,140
・債務償還可能年数（年）	6.8〜96.1	0.5〜15.6
・住民一人当たり行政コスト（万円）	25.0〜37.3	27.3〜35.4
・性質別・行政目的別行政コスト	－	－
・受益者負担の割合（％）	3.8〜5.6	3.5〜6.7

（出典：新公会計制度普及促進連絡会議（2019）「検討部会報告書」15頁）

　上記の指標を比較した結果、次の傾向が見られました。

・複数の自治体で同様の傾向を示した指標：「行政コスト対税収比率」「受益者負担の割合」などフロー情報の指標

・ばらばらな値となり分析が難しい指標：「純資産比率」「社会資本等形成の世代間負担

比率」などストック情報の指標

後者のストック指標については、自治体ごとに資産や負債の算入範囲など算定基礎の定義が異なっていたことが一因と考えられます。住民にわかりやすく示すための自治体間比較としては、指標の算定基礎を明示し、指標の違いを説明できるようにすることに留意が必要といえます。

なお、連絡協議会に参加している自治体で実際の数値で比較した結果、図表11の指標を提案しています。

図表11　自治体間比較に用いる指標（提案）

	指標	計算式	説明
1	資産合計に対する各資産の構成比	BS 事業用資産÷BS 資産合計	自治体の資産の構成割合を説明する指標
		BS インフラ資産÷BS 資産合計	
		BS 基金÷BS 資産合計	
2	資産に対する負債の比率	BS 負債合計÷BS 資産合計	自治体の保有する資産が将来の負担である負債で賄われている割合を説明する指標
3	有形固定資産に対する負債（臨時財政対策債を控除）の比率	（BS 負債合計－臨時財政対策債残高）÷BS 有形固定資産合計	社会資本である有形固定資産と負債の状況を説明する指標
4	地方債残高に対する支払利息の比率	PL 支払利息÷BS 地方債（固定・流動）	負債に対する支払利息の割合を説明する指標
5	費用に対する収入（税収等を含む・資本的補助金除く）の比率	PL 収入合計（税収等を含む・資本的補助金を除く）÷PL 費用合計	当期の行政サービス提供（費用）に対する現世代の負担割合を説明する指標
6	人口当たりの収入（税収等を含む）	PL 収入合計（税収等を含む）÷人口	当期の行政サービス提供（費用）と当期の負担（収入）の規模を人口当たりで説明する指標
	人口当たりの費用	PL 費用合計÷人口	
7	減価償却費に対する公共施設等整備費支出の比率	CF 公共施設等整備費支出÷PL 減価償却費	公共施設の老朽化と新設・更新支出とのバランスを説明する指標
8	有形固定資産（土地を除く）に対する維持補修費の比率	PL 維持補修費÷BS 有形固定資産合計（土地を除く）	公共施設等の規模に対する維持補修の実施状況を説明する指標

（出典：新公会計制度普及促進連絡会議（2019）「検討部会報告書」17頁を参考に筆者作成）

連絡協議会に参加する自治体の指標の実績値は図表12のようになりました。

図表12 自治体間比較の指標（実績）

	指標		都府県平均	区市平均
1	資産の構成比	事業用資産	20.74%	30.55%
		インフラ資産	54.44%	62.41%
		基金	8.36%	4.13%
2	資産に対する負債の比率		60.93%	8.57%
3	有形固定資産に対する負債（臨時財政対策債を控除）の比率		52.10%	6.41%
4	地方債残高に対する支払利息の比率		1.11%	0.92%
5	費用に対する収入（税収等を含む・資本的補助金除く）の比率		104.81%	101.15%
6	人口当たりの収入（税収等を含む）（円）		337,601	322,218
	人口当たりの費用（円）		320,095	317,382
7	減価償却費に対する公共施設等整備費支出の比率		133.24%	184.16%
8	有形固定資産（土地を除く）に対する維持補修費の比率		0.97%	1.22%

（注）都府県：東京都・大阪府・愛知県・新潟県

　　　区市：町田市・吹田市・郡山市・習志野市・江戸川区・荒川区

（出典：新公会計制度普及促進連絡会議（2019）「検討部会報告書」19頁～33頁を参考に筆者作成）

　さらに、上記の指標に加えて、筆者は図表13の指標も有用と考えます。

　財政の持続可能性の指標として、地方債対収入比率（借入金が収入の何年分あるかを意味します）、債務償還能力の指標として、債務償還年数（借入金の償還年数以下であることが必要です）があります。

図表13 自治体間比較の指標（参考）

	指標	計算式	説明
1	地方債対収入比率	借入金÷税収	財政の持続可能性の指標。借入金が収入の何年分あるかを意味します。
2	債務償還年数	借入金÷CF 業務活動差額	債務償還能力を示す指標。借入金の償還年数以下であることが必要です。

（出典：筆者作成）

　世田谷区の財務諸表をもとに、自治体間比較の指標を作成してみますと、図表14のよう

になります。世田谷区は人口912,095人（平成31年4月1日）の東京都内の自治体です。世田谷区を区市平均と比較すると、資産構成比では、インフラ資産（道路等）が低く、事業用資産（行政財産等）が高く、基金が高くなっています。資産に対する負債の水準は低く、支払利息の利率も0.63％と低い水準にあります。人口当たり収入は平均より3.4％少ないですが、人口当たり費用は平均より9.6％少なくなっています。全体的には、資産や負債の管理においても、堅実な財政運営がされており、人口規模が大きいこともあり、行政サービスが効率的に提供されているといえそうです。

図表14　世田谷区の財務指標（自治体間比較）

	指標		世田谷区	区市平均
1	資産の構成比	事業用資産	34.40%	30.55%
		インフラ資産	56.83%	62.41%
		基金	5.71%	4.13%
2	資産に対する負債の比率		5.90%	8.57%
3	有形固定資産に対する負債（臨時財政対策債を控除）の比率		6.42%	6.41%
4	地方債残高に対する支払利息の比率		0.63%	0.92%
5	費用に対する収入（税収等を含む・資本的補助金除く）の比率		108.45%	101.15%
6	人口当たりの収入（税収等を含む）（円）		311,257	322,218
	人口当たりの費用（円）		286,979	317,382
7	減価償却費に対する公共施設等整備費支出の比率		332.46%	184.16%
8	有形固定資産（土地を除く）に対する維持補修費の比率		0.27%	1.22%
9	地方債対収入比率		0.23年	－
10	債務償還年数		2.39年	－

（注）区市：町田市・吹田市・郡山市・習志野市・江戸川区・荒川区

（出典：世田谷区（2019）「平成30年度財務諸表」を参考に筆者作成）

演習問題

① 貴自治体の財務情報活用の全体像について、作成・公表している資料等を記入してください。

財務情報活用の全体像

目的 ＼ 視点	マクロ（財政運営）	ミクロ（事業経営）
マネジメント（経営）の強化	財政全体の分析	個別事業の分析と評価
アカウンタビリティ（説明責任）の充実	財政運営の説明	主要な事業の実施状況の説明

② 貴自治体の開始貸借対照表の有形固定資産（インフラ資産等）の評価方法を記入してください。

有形固定資産（インフラ資産等）の評価方法

・取得価額が不明な場合には備忘価額1円とする
・昭和59年度以前に取得した土地は取得価額不明とみなす（＝備忘価額1円）
このうち、「取得価額が不明」とした範囲は？

③ 臨時財政対策債の扱いを記入してください。

臨時財政対策債の残高と推移

（単位：千円・百万円）

年度	（　　　　）	（　　　　）	（　　　　）	（　　　　）
地方債残高	（　　　　）	（　　　　）	（　　　　）	（　　　　）
うち建設公債	（　　　　）	（　　　　）	（　　　　）	（　　　　）
うち臨時財政対策債	（　　　　）	（　　　　）	（　　　　）	（　　　　）

④ 貴自治体の財務書類をもとに、財務情報の比較分析をしてみてください。

分析対象の自治体名「　　　　　　　　　　　」

比較する自治体名　「　　　　　　　　　　　」

主要な財政指標

（　　　　）年度

（単位：千円・百万円）

財務諸表	財政指標	意　味	（　）	（　）
行政コスト計算書及び純資産変動計算書	行政収入（財源）	課税水準、サービス・コストを賄う財源（経常収益＋財源（税収・国庫補助金等））	（　）	（　）
	行政費用	提供されたサービスのフルコスト（経常費用）	（　）	（　）
	金融収支	地方債の支払利息等の純金融費用（支払利息－受取利息・配当金）	（　）	（　）
	本年度差額	サービスの受益と負担の関係（△は現世代の受益が負担より大きい）	（　）	（　）
貸借対照表	借入金（地方債）	財政の持続可能性（将来世代の負担）（固定負債と流動負債の地方債の合計）	（　）	（　）
	純資産	資産と負債の差額及び収支差額の累積財政の持続可能性、世代間負担の衡平性の指標	（　）	（　）
資金収支計算書（キャッシュ・フロー計算書）	業務活動収支差額	経常的な行政サービスの収支赤字の場合、赤字地方債の発行となり、負担の先送りとなる	（　）	（　）
	業務活動と投資活動の差額（キャッシュ・フロー）	行政活動（サービス・社会資本整備）の現金収支差額（フリー・キャッシュフロー）赤字の場合、借入金の増加を意味する（注）基金の積立を考慮すると（　　　　）千円・百万円の黒字（赤字）	（　）	（　）

⑤ 貴自治体の財務情報をもとに、財政指標の分析をしてみてください。近隣の類似団体
　との比較をしてみてください。

自治体間比較の財務指標

	指標		（　　　　　）	（　　　　　）
1	資産の構成比 （注）インフラ資産の評価方法により差異がある	事業用資産	（　　　　）%	（　　　　）%
		インフラ資産	（　　　　）%	（　　　　）%
		基金	（　　　　）%	（　　　　）%
2	資産に対する負債の比率		（　　　　）%	（　　　　）%
3	有形固定資産に対する負債（臨時財政対策債を控除）の比率		（　　　　）%	（　　　　）%
4	BS 地方債残高に対する PL 支払利息の比率		（　　　　）%	（　　　　）%
5	費用に対する収入（行政収入÷行政費用）の比率		（　　　　）%	（　　　　）%
6	人口当たりの収入（行政収入÷人口）（円）		（　　　　）	（　　　　）
	人口当たりの費用（行政費用÷人口）（円）		（　　　　）	（　　　　）
7	PL 減価償却費に対する CF 公共施設等整備費支出の比率		（　　　　）%	（　　　　）%
8	BS 有形固定資産（土地を除く）に対する PL 維持補修費の比率		（　　　　）%	（　　　　）%
9	地方債対収入比率（地方債残高÷行政収入）		（　　　　）年	（　　　　）年
10	債務償還年数（地方債残高÷ CF 業務活動収支差額）		（　　　　）年	（　　　　）年

6 分析コメント（分析の視点）を記入してみましょう。

1. 自治体の概要：人口、位置、財政規模：行政収入、総資産、地方債など。比較自治体の概要。

2. ストック状況：資産の金額・構成比、負債の金額・構成比、資産負債比率。

3. フローの状況：収入の特徴（地方税・地方交付税の金額・構成比）、費用の特徴（社会保障関連費：補助費・移転費用の金額・構成比）

4. 公共投資の状況：投資内容、金額、投資の財源（国庫支出金、地方債、基金取崩、一般財源）

5. 人口当たりの収入・費用、本年度差額の黒字（赤字）、業務活動収支差額の黒字（赤字）

6. 地方債の残高、償還能力。その他気になったことなど。

7. 財政の健全性、持続可能性について。

〈参考文献〉
・赤井伸郎・石川達哉（2020）「財政健全化法の課題　真の実質債務総額考慮を」
　　日本経済新聞2020年2月12日経済教室
・新公会計制度普及促進連絡会議（2019）「検討部会報告書」
・世田谷区（2019）「平成30年度財務諸表概要版」
・総務省（2019）「統一的な基準による地方公会計マニュアル（令和元年8月改訂）」
・東京都（2019）「平成30年度東京都年次財務報告書」

■ 第2章　財務情報の事業経営への活用

1．はじめに

　本章では、財務情報の事業経営への活用（ミクロ活用）について、少し理論的な説明と事業別コスト計算書作成のステップを説明します。

　2．事業経営の経済性、効率性、有効性では、なぜ事業別コスト情報が必要であるかを説明して、東京都の取組事例を紹介します。

　3．事業別財務諸表の作成と分析では、事業別財務諸表（事業別コスト計算書）の作成方法について、5ステップに分けて説明します。すなわち、①事業別財務諸表の準備、②事業類型の選択、③分析視点の設定、④分析の実施、⑤分析結果の総括です。

　4．内部統制及び財務マネジメントの強化では、新公会計の導入の効果を説明します。例えば、有形固定資産管理の内部統制の強化、日々の取引の正確性の強化、財産管理の強化、将来のインフラ資産や事業資産の維持更新計画の予測、債権管理の強化を説明します。

2．事業経営の経済性、効率性、有効性

（1）なぜ事業別財務諸表が必要か

　地方公会計は、発生主義会計に基づく財務情報ですが、発生主義会計の大きなメリットは、資産・負債・純資産という財政状態がわかることと、行政サービスのコストが見えるようになること（可視化）です。財務情報の活用として、自治体全体の財政状態と財務業績を適切に説明すること（財政運営の視点）とともに、個々の組織・事業の経営成績の点検と評価ができること（事業経営の視点）が、車の両輪となって、経営改革に役立ちます。

　事業別財務諸表に基づくフルコスト情報は、事業の成果の評価と統合されて、事業経営の効率性、有効性の向上に活用することができます。

　事業のフルコスト情報を明らかにすることは、経営の責任会計という考えに基づくものといえます。知事・市長等の首長が自治体全体の経営に責任をもつように、部門責任者（部長・課長）はその部門の経営について責任をもっています。部門責任者は、事業評価と事業別財務諸表により、達成した成果とコストを総合的に評価し、その結果を新たな計画へとフィードバックすることが大切です。

　民間企業では、収益性と資本効率の向上を図るために、常に事業の正確な財政状態と経営成績を測定することにより、事業の目的を達成しているかどうかを点検しています。行政においては、事業が利益目的ではないとしても、行政目的の有効な成果を達成するために、効率的な経営がなされることが必要なのは民間企業と同じです。

　発生主義会計による事業の財務報告書には、次のような利点があります。

① 公正な会計原則に基づき明瞭で有効な情報を提供します。

　事業費の直接的な支出額だけでなく、事業に関わる人件費、減価償却費、退職給付引当金等の非現金費用を含めたフルコストが把握できます。

② その結果、経営改革のため民間企業で開発された経営管理手法の導入が可能になります。

　活動基準原価計算等の管理会計の手法が活用できます。

③ 経営指標の利用や民間企業、他自治体とのベンチマークが可能になります。

　施設等の利用者1人当たりのコスト等で民間や他自治体との比較ができます。

④ 正確なコストデータにより受益と負担の公平性の確保が促進されます。

　行政サービスのコストの財源について、利用者の負担なのか、地域全体（税金）の負担なのか、それぞれの割合が把握できることから、受益者負担の公平性を評価できます。

⑤ 経営管理情報の公開は、議員や住民にとって理解しやすいものであり、政策の合意形成に役立ちます。

　行政サービスが効率的、効果的、公平に提供されているかを評価することができますので、政策の合意形成に役立ちます。

（2）事業評価と事業別財務諸表の連携

　行政（事業）評価制度は、時代の変化を踏まえ、より質の高い行政サービスを効率的に提供していくために、成果重視の行政への転換、施策・事業の不断の見直しを着実に進める有効な手段として、多くの地方自治体で採用されてきました。

　行政（事業）評価は、経済性、効率性、有効性の視点から、政策・施策・事業を総合的に評価するものです。しかしながら、現行の官庁会計を前提としたコストの把握では、経済性や効率性の面からの分析が必ずしも十分にはできません。他方、財務数値は、事業を経済面から捉え、政策の公共性や有効性の評価の視点をもっていません。したがって、事業別財務諸表のフルコスト情報は、事業の業績評価と連携して、行政の経営改革のツールとして効果を発揮できるものです。

（3）東京都の「機能するバランスシート」で選択した事業のタイプと概要

　東京都では、平成11年度から16年度の6年間、財務情報が経営の改善に役に立つかどうかを検証する目的で、「機能するバランスシート」を作成しました。そこで作成された事業別財務諸表は、自治体の経営改革に有用であるという石原慎太郎東京都知事（当時）の意思決定を受けて、本格的な複式簿記・発生主義会計を採用することになりました。

　東京都で取り上げた事例は、次の5つのタイプに分けることができます。

① 収支均衡型事業（多摩ニュータウン開発事業）

　多摩都市整備本部とその主要な2つの事業（新住宅市街地開発事業、相原小山開発事業）の投資回収分析

② 税金投入型事業Ⅰ（ハコモノ文化事業）

　生活文化局とその主要な4つの事業（東京国際フォーラム、江戸東京博物館、写真美術館、庭園美術館）のコスト分析

③ 中間形態型事業Ⅰ（住宅事業）

　2つの住宅事業（都営住宅と住宅供給公社）の事業分析

④ 中間形態型事業Ⅱ（新交通システム）

　ゆりかもめ、多摩都市モノレール、日暮里・舎人線の3路線について、インフラ部とインフラ外部を合算した上下一体方式でのコスト分析

⑤ 税金投入型事業Ⅱ（救急事業）

　消防庁の救急事業のコスト分析

　それぞれの事業タイプと財務諸表の作成単位、判明したことや事業見直しの成果について、簡略に整理すると、図表1のようになります。

図表1　選択した事業のタイプと財務報告書の体系

事業タイプ	財務諸表の作成単位	判明したこと、事業見直しの成果
収支均衡型	多摩都市整備本部の連結財務諸表 新住宅市街地開発事業 相原小山開発事業	特別会計で、多額の債務超過になっていることが判明しました。有形固定資産が計上されていましたが、この中には、公園緑地や公益施設といった売却できない資産や、利用者負担で整備すべき公共下水道の資産が含まれており、売却可能な土地はわずかしかなく、売却の時期や状況次第では、大きな損失負担を覚悟しなければならないことがわかりました。
税金投入型Ⅰ	生活文化局の連結財務諸表 東京国際フォーラム 江戸東京博物館 写真美術館 庭園美術館	施設の減価償却費や金利を加味した行政コスト計算書を作成したところ、どの施設でも大幅な赤字が生じており、将来の更新財源の確保が危ぶまれる状況にあることが判明しました。入場料収入は、一人当たりでは数百円程度であり、入場者一人当たりのコストの数%程度にしか過ぎないことがわかりました。文化施設は、税金投入を前提とした事業ですが、ここまでの税金負担は「公共性のコスト」として妥当と言えるかどうか、という観点から事業の見直しを行いました。
中間形態型Ⅰ	都営住宅事業 住宅供給公社	都営住宅事業全体及び団地別の行政コスト計算書を作成したところ、事業全体で多額の税金投入額があることが判明しました。都市再生の視点も重視しながら、都営住宅の行政コスト低減を図るために、都心部の都営住宅の建替えに際してPFI的手法を採用し、土地の高度利用を行うとともに、土地の有効活用を図ることとしました。

中間形態型Ⅱ	新交通システム ゆりかもめ 多摩都市モノレール 日暮里・舎人線	事業運営会社は、税金を投入して作られたインフラ部を無償使用している以上、事業に関する投資の是非や事業内容の正確な分析のためには、インフラ部を含めた上下一体方式でのコスト分析が不可欠であることから、インフラ部分を含めた財務諸表を作成し、どれだけの税金投入を行っているかを明らかにしました。今後の事業計画に基づき予定財務諸表を作成し、将来の各事業の財務状況を明らかにし、インフラ部分の都負担など、事業の将来見通しを行いました。
税金投入型Ⅱ	消防庁事業（注）	救急事業において、1年間で、約63万回の出場があり、1回あたりのコストは45,000円かかっていることが判明しました。救急出場件数の増加により、平均現場到着時間が、目標としている5分(蘇生率25%に相当する数値)をオーバーし、年々平均現場到着時間が延びていました。搬送された人の92%は軽症、中等症の者でした。このことから、平均現場到着時間は最大の課題ではなく、むしろ通報時の重症度・緊急度の判別（トリアージ）技術の開発こそ不可欠であることがわかりました。全件対応・全件自前・全件無償方式の現行制度の見直しを行い、広報、代替手段の提供などの対策を行いました。

（注）平成15年度作成時のデータ。平成30年度は、出場件数81.8万回、軽症・中等症の割合92.6%。（東京消防庁『救急活動の現況　平成30年』3頁）

（出典：鈴木豊監修・著（2014）『公会計・公監査の基礎と実務』（法令出版）151頁〜162頁を参考に筆者作成）

（4）事業別財務諸表におけるコスト概念

事業別バランスシートにおけるコスト概念を整理しておきます（図表2参照）。

① 事業コストの範囲

事業コストの内容は、費用（直接費と間接費）と機会費用に分類できます。行政コスト計算書上は、通常、費用のみが計上されますが、必要に応じて機会費用を計上することも可能です。

（ⅰ）直接費

直接費は、事業に直接に要した費用であり、減価償却費など現金支出を伴わない費用を含みます。なお、直接費の対象となる人件費等については、一定の基準により按分します（例えば、実額あるいは平均給与等）。

（ⅱ）間接費

間接費は、適切な配賦基準により、各事業に配分します。

（ⅲ）機会費用

機会費用とは、有効に活用したなら収益が得られる財産を、公共のための事業を行っている等の理由により無償等で貸与、給付したことによって、収益が得られなかったことに

対応する費用であって、資本コストや庁舎など公有財産の無償使用に係る地代家賃・租税公課等があります。

　特に民間企業と費用対効果を比較する場合には、これらの機会費用を行政コスト計算書上のコストに加えることでより正確な比較が可能になります。

　資本コストの算定については、税金投入型事業Ⅰ（ハコモノ文化事業）では、有形固定資産を有する事業の場合、その固定資産の価額に地方債の平均利率を乗じた額としています。

図表2　事業コストの範囲

	行政コスト計算書のコスト（a）		
	費用（a）		機会費用（b）
	現金収支を伴うもの	現金収支を伴わないもの	
直接費	人件費 物件費 支払利息等	減価償却費 退職給与引当金繰入等	資本コスト 地代・家賃 租税公課
間接費	総務部門の人件費など	総務部門の退職給与引当金繰入など	
	事業評価上必要とするコスト（a+b）		

（出典：鈴木豊監修・著（2014）『公会計・公監査の基礎と実務』（法令出版）164頁）

②　間接費の配賦

　管理部門（総務部など）に所属する人件費などの間接費については、配賦により、当該事業にかかるコストを把握することができます。

　配賦基準は、一般に次のようなものがあります。

（ⅰ）人件費の配賦基準は人数

（ⅱ）減価償却費の配賦基準は人数（あるいは面積）

（ⅲ）地方債金利の配賦基準は事業別の地方債比率

（ⅳ）その他の間接コストの配賦基準は、人数等のコスト配賦に相応しい基準

　間接費の配賦については、フルコストという概念を広く捉えるという考え方に基づきますが、部門責任者（部課長）にとっては、管理できない経費になりますので、配賦しないという考え方もあります。配賦の有無にかかわらず、間接費の大きさを把握することで、総務・人事・経理部門を全庁的に集約するという業務改善につなげることが可能な場合があります。

3．事業別財務諸表の作成と分析

　事業財務諸表の作成と分析の手続きについて、次の5つのステップに沿ってみています。

ステップ1　事業別財務諸表の準備
ステップ2　事業類型の選択
ステップ3　分析視点の設定
ステップ4　分析の実施
ステップ5　分析結果の総括

（1）ステップ1　事業別財務諸表の準備

　貸借対照表には事業に関連する全ての資産と負債を計上します。

　固定資産は減価償却されますので、時価そのものではありませんが、現実的な資産価値が把握できます。公有財産台帳システムと財務会計システムが照合されることで、より適正な資産管理が可能になります（図表3参照）。

図表3　公有財産台帳と貸借対照表の関係

〈公有財産台帳〉

公有財産台帳		（千円）
平成28年度	建物取得	8,000
平成29年度	備品取得	5,000

〈貸借対照表〉

平成29年度　　貸借対照表		（千円）	
現金	3,000	地方債	2,000
建物	8,000		
減価償却累計額	△200	純資産	13,800
重要物品	5,000		

（出典：筆者作成）

　従来議論してきたコストは、主に事業費が中心であり、給与手当や金利は事業に配賦されていませんでした。

　行政コスト計算書には、事業費と人件費や金利の配賦に加えて、今期負担すべき減価償却費や退職給与引当金を含めたフルコストを計上します。適正なコスト情報による費用対効果の検証が可能になります（図表4参照）。

図表4　事業費とフルコストの関係

（従来議論してきたコスト）

（フルコスト）

（出典：筆者作成）

（2）ステップ2　事業類型の選択

　事業類型は、自治体によって異なるかもしれませんが、ここでは、町田市や江戸川区の事例をもとに説明します。

　町田市では、事業類型を大きく4つに分類にして、全体で100余りの事業別財務諸表を作成しています。事業類型1「施設運営型（受益者負担あり）」には、公立保育園、学童保育、博物館、わくわくプラザ（高齢者福祉）などがあります。事業類型2「施設運営型（受益者負担なし）」には、子どもセンター、子どもクラブ、図書館などがあります。事業類型3「受益者負担型」には、民間保育所運営、高齢者住宅管理などがあります。事業類型4「その他（各課が必要と認めるもの）」には、小学校給食、中学校給食、生活保護、廃棄物収集などがあります（図表5参照）。

　なお、町田市では、事業別財務諸表と事業評価を統合して、「事業別行政評価シート」（主要施策の成果）としています。

<事業類型（例）>

事業類型1　施設運営型（受益者負担あり）
事業類型2　施設運営型（受益者負担なし）
事業類型3　受益者負担型
事業類型4　その他（各課が必要と認めるもの）

図表5　事業類型（例）

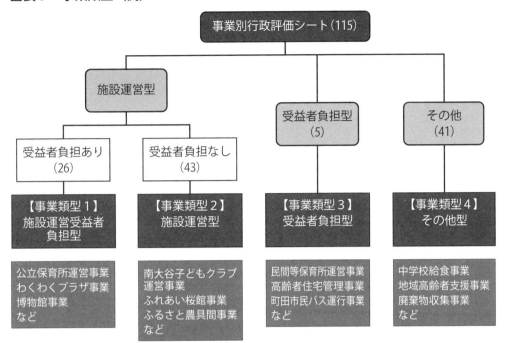

（出典：新公会計制度普及促進連絡会議（2015）「公会計セミナー2015　新公会計制度による
セグメント分析（町田市）」

（3）ステップ3　分析視点の設定

　分析の視点については、事業類型ごとに共通の視点と指標の設定が可能です。

　ここでは、江戸川区の事例を説明します。江戸川区では、事業別財務諸表と事業評価を統合したものを、会計別・組織別・事業別に作成しており、「財務レポート」と呼んでいます。江戸川区では、町田市と同様に、事業類型を4つに分けています。すなわち、施設運営型（受益者負担あり）、施設運営型（受益者負担なし）、受益者負担型、その他の4類型です。分析の視点としては、事業の効率性、受益者負担の水準、資産の老朽化、人件費の構成などが共通の視点であり、それぞれ関連する指標を設定しています。

<分析の視点>

- ・事業の効率性（行政費用の構成比、単位当たりコスト、固定資産の維持修繕費）
- ・自立性（受益者負担の水準）
- ・資産の老朽化（減価償却累計額の比率）
- ・人件費の構成（常勤、非常勤、臨時職員の人数）
- ・行政費用の性質別構成比
- ・有形固定資産の維持補修費率
- ・区民1人当たりコスト

事業類型ごとの分析の視点、住民のニーズ、分析の指標、指標計算式をまとめたものが、

図表6です。

図表6　事業の類型と分析の視点（例）

作成単位		分析の視点	住民等のニーズ	分析の指標	指標計算式
A分類	施設運営受益者負担型	事業の効率性	行政サービスは効率的に提供されているか	行政費用の性質別割合	行コス・性質費用／行コス・経常費用
				単位当たりの行政コスト	行政コス・経常費用／成果（数量）
				資産維持補修費率	行コス・維持補修費／BS・有形固定資産（非償却資産除く）＋減価償却累計額
		自立性	受益者負担の水準はどうなっているか	受益者負担の水準	行コス・使用料等／行コス・経常費用
		資産形成度	将来世代に残る資産はどのくらいあるのか	老朽化の度合	BS・減価償却累計額／BS・有形固定資産（非償却資産除く）＋減価償却累計額
B分類	施設運営型	事業の効率性	行政サービスは効率的に提供されているか	行政費用の性質別割合	行コス・性質費用／行コス・経常費用
				単位当たりの行政コスト	行政コス・経常費用／成果（数量）
				資産維持補修費率	行コス維持補修費／BS・有形固定資産（非償却資産除く）＋減価償却累計額
		資産形成度	将来世代に残る資産はどのくらいあるのか	老朽化の度合	BS・減価償却累計額／BS・有形固定資産（非償却資産除く）＋減価償却累計額
C分類	受益者負担型	事業の効率性	行政サービスは効率的に提供されているか	行政費用の性質別割合	行コス・性質費用／行コス・経常費用
				単位当たりの行政コスト	行政コス・経常費用／成果（数量）
D分類	その他	D分類については、各課と調整（例：貸付金等不納欠損型、給付型等）			

（出典：江戸川区（2019）「財務レポート」等を参考に筆者作成）

　D分類については、種々の事業がありますが、分析の視点の1つとして、事業実施の効率性とともに公平性があります。そのため、アウトプット単位当たりのコストとともに、成果指標（アウトカム指標）が重要になっています。D分類の事例を下記に紹介します（図表7参照）。

図表7　D分類の分析の視点（例）

D分類の事業	分析の視点 ／住民等のニーズ	成果指標	アウトプット単位 当たりの指標
徴税業務	徴税が、公平かつ効率的に実施されているか	収納率	収納額1万円当たりコスト
給付事業 （生活保護）	困窮している区民の生活を守っているか	受給世帯数	被扶養世帯一世帯当たりコスト・被保険者一人当たりコスト
区民全体 （地域防災）	必要な備蓄が地域レベルで確保されているか	備蓄食糧数	区民1人当たりコスト
区民全体 （広報）	誰でも入手できる工夫をしているか	配置個所数	1枚当たりコスト
区民全体 （道路の維持管理）	交通機能、防災・景観の向上が図られているか	道路整備延長（m）	区民1人当たりコスト
区民全体 （清掃事業）	ごみの減量を図るとともに、ごみ集積所数・戸別訪問収集による利便性向上が図られているか	ごみ量	1kg当たりのごみ収集運搬経費

（出典：江戸川区（2019）「財務レポート」等を参考に筆者作成）

（4）ステップ4及び5　分析の実施と分析結果の総括

　図表8は、町田市の「事業別行政評価シート」の例です。

　「A組織の概要」から始まり、「B前年度末の課題」（前年度の「H総括」における課題を引き継ぎます）をあげて、前年度の課題に対してどのような取り組みをしたのか、成果へはどのように反映したのか（「C事業の成果」）を記載します。その成果を達成するために、どのような資源を投入したのか、その説明として、「D財務情報（行政コスト計算書）」と「E財務情報（貸借対照表）」で主な内容と増減理由などを記載します。さらに、「F財務構造分析」と「G個別分析」では、費用構造の特徴、利用者数や利用料金の推移、人件費の内訳（常勤職員、臨時職員など）、強調したいものをグラフで表すことをします。「J単位あたりコスト分析」では、利用者1人当たりのコストなど効率性を評価する指標の分析をします。最後に、「H総括」において、全体のまとめと来年度の課題を記載します。

　このように、評価シート全体が、事業経営のストーリーになるような配置を意識しています。

図表8　事業別行政評価シート（例）

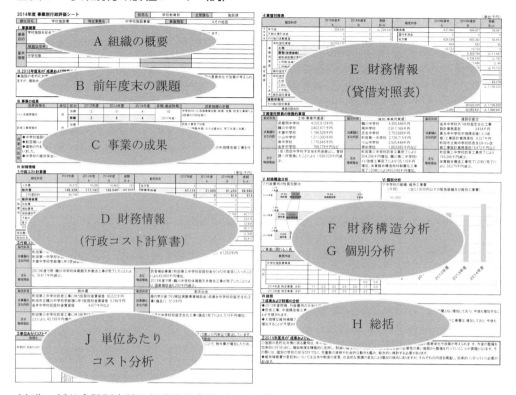

（出典：新公会計制度普及促進連絡会議（2015）「公会計セミナー2015　新公会計制度によるセグメント分析（町田市）」）

4．内部統制及び財務マネジメントの強化

　財務書類の作成は、次のように内部統制を強化し、財務マネジメントを強化する効果があります。

① 有形固定資産管理の内部統制の強化

　財務書類の貸借対照表の有形固定資産残高と公有財産台帳（固定資産台帳）との適時な照合、実査による現物資産との照合、施設の事業目的と利用状況の把握などにより、固定資産管理の内部統制を強化することができます。

② 日々の取引の正確性の強化

　財務書類の作成に複式簿記を採用する場合は、課内における入力時の相互チェックや事後チェックにより、日々の取引の正確性と信頼性を保持することができます。

③ 財産管理の強化

　固定資産台帳の整備により、全庁的に、未利用地・遊休施設の有効活用（売却・貸付等）を図ることができます。従来は、財産の管理（物量的な管理）が中心でしたが、今後は、財産の活用（経済資源の活用）の視点を強化できます。

④ 債権管理の強化

債権のうち収入未済（未収金）が多額にある場合、債権管理の強化が必要であり、全庁的な債権管理体制の強化を進めることができます。自治体によっては、債権管理条例を設定して、回収可能性の高い債権に資源（人員等）を集中して、回収可能性の低い債権は、放棄の手続きを定めて適切な欠損処理を行い、議会に報告することを行っています。

⑤ 将来のインフラ資産・事業用資産の維持更新費の予測

固定資産台帳（公有財産台帳）の整備により、将来の有形固定資産の維持更新に当たって、更新費等の予測に活用できます。今後の膨大な更新需要への対応が不可欠であり、計画的な社会資本等整備基金への積立や、世代間負担の衡平性と財政負担の平準化に配慮した財源確保が課題になります。

例えば、町田市では、固定資産台帳（公有財産台帳）を整備することによって、全庁的な維持更新費用を予測して、財政計画や予算査定に反映しています。

図表9では、施設分類別の資産更新必要額を表示しています。また、図表10では、施設分類別の老朽化比率を表示しています。このように資産の状況を全庁的に俯瞰することができることから、施設更新の優先順位の決定（教育施設の優先等）や長寿命化計画による更新費用の平準化（投資集中年度の分散）などに活用されています。

図表9　施設の更新費用の予測－施設分類別資産更新必要額－

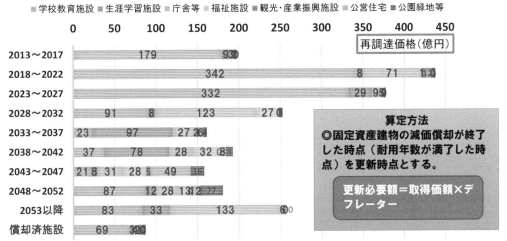

（出典：新公会計制度普及促進連絡会議（2015）「公会計セミナー2015　新公会計制度によるセグメント分析（町田市）」）

図表10　施設の更新費用の予測－施設分類別資産老朽化比率－

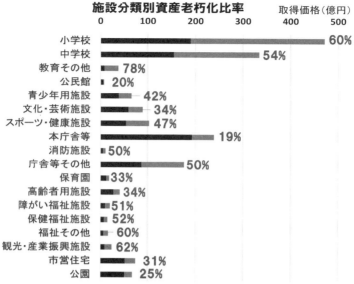

（出典：新公会計制度普及促進連絡会議（2015）「公会計セミナー2015　新公会計制度によるセグメント分析（町田市）」）

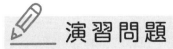 演習問題

1 貴自治体において、事業別財務諸表（事業別コスト計算書）を作成して、事業のフルコストを把握してみてください。

ステップ 1　事業別財務諸表の準備

貸借対照表：選択した事業に利用している固定資産の価額や地方債残高、退職手当引当金残高を把握します。

	取得価額（千円）	期末残高（千円）
有形固定資産	（　　　　　）	（　　　　　）
土地	（　　　　　）	（　　　　　）
建物	（　　　　　）	（　　　　　）
備品	（　　　　　）	（　　　　　）
地方債	－	（　　　　　）
退職手当引当金	－	（　　　　　）

行政コスト計算書：事業別の事業費、従事している職員や非常勤職員等の人数を把握して、概算の人件費を計算します（人数×平均給与等）。また、施設の維持管理費や減価償却費を計算します。

	計算方法等	金額（千円）
人件費		
常勤職員	人数×平均給与	（　　　　　）
非常勤職員	人数×平均給与	（　　　　　）
事業費		（　　　　　）
減価償却費	建物、備品の固定資産台帳より計算する	（　　　　　）
施設の管理費	維持補修費	（　　　　　）
扶助費		（　　　　　）
補助費等		（　　　　　）
その他		（　　　　　）
合計		（　　　　　）

ステップ 2　事業類型の選択

具体的な事業を下記の類型の中から選んでください。

事業類型	事業名
施設運営型（受益者負担あり）	（　　　　　　　　　　　　　　）
施設運営型（受益者負担なし）	（　　　　　　　　　　　　　　）
受益者負担型	（　　　　　　　　　　　　　　）
その他（各課が必要と認めるもの）	（　　　　　　　　　　　　　　）

ステップ 3　分析視点の設定

図表6の分析視点と指標を参考に、選択した事業の分析視点と分析指標を検討してください。

選択した事業	分析の視点	分析指標（計算式）
（　　　　　　　　　）	（　　　　　　　）	（　　　　　　　）
	（　　　　　　　）	（　　　　　　　）
	（　　　　　　　）	（　　　　　　　）

ステップ 4　分析の実施

貴自治体で事業評価（行政評価）を実施している場合は、その評価を記載してください。事業評価を実施していない場合は、所管課による課題と取組の成果、総括、今後の課題等を記載してください。

〈分析の実施〉（所管課による課題と取組の成果）

ステップ 5　分析結果の総括

総括と今後の課題

＜総括＞

＜今後の課題＞

■ 第3章　財務情報の事業経営の効率化・有効性への活用事例

1．はじめに

　本章では、財務情報の事業経営の効率化・有効性への活用として、2つの取組を紹介します。

　1つ目は、予算査定に先立ち、中期的な経営の視点から財務情報と業績評価を行うことにより予算編成に活用するという取組です。取組事例としては、東京都財務局による事業評価や町田市の予算査定時における行政評価シートの活用があります。東京都では、事業評価の成果として多額の基金積立に繋がっているとしています。

　2つ目は、財務情報と業績評価情報（非財務情報）を統合して、行政サービスの費用対効果を評価し、議会・住民に公表するという取組です。取組事例としては、町田市の「課別事業別行政評価シート（主要施策の成果）」や江戸川区の「財務レポート」があります。町田市や江戸川区では、事業の所管担当部課長が、議会の決算委員会等において「課別事業別行政評価シート」や「財務レポート」に基づき、事業の成果とコストについて説明を行っています。その結果、事業執行の責任者である部課長が、日ごろのマネジメントにおいて、コストを意識した成果重視の執行に努めるようになり、また、議会の審議においても、事業別コストと成果を中心に議論が行われることで、審議の内容が充実するという効果が出てきています。

　2．予算編成への活用では、東京都の事例を取り上げます。

　3．事業別分析と自治体間比較では、新公会計制度普及促進協議会の報告書を取り上げます。

2．予算編成への活用

　事業別財務諸表の活用として、予算編成に財務情報をどのように反映させるかは重要なテーマです。予算は現金主義会計に基づいており、財務諸表は発生主義会計に基づいているために、いわば二元的な会計の構造になっており、財務情報をそのまま予算編成に活用するには、工夫が求められます。

　例えば、財務情報の活用のポイントとしては、事後検証による施策の充実、公会計の活用等による事業の効率化、単年度主義の限界を超える中長期的な視点による検証があげられます。

　東京都では、事後評価の取組として次のような取組がされています。

> ・限られた財源の中で都政の諸課題に的確に対応していくため、都は予算編成の一環として事業評価を実施し、一つひとつの事業の効率性・実効性を向上させる継続的な取組（マネジメントサイクル）を行っています。

> ・事業評価は、関係部局と連携した専門的視点からのチェック、新たな公会計手法の活用や終期を迎える事業に対する事後検証の徹底などを通じ、予算編成の過程で多面的な検証を行う取組として着実にその実績を積み重ねてきました。

（出典：東京都（2019）「予算案の概要（令和2年度）」70頁）

　東京都の特徴として、各局が自主的な事業評価を行っていますが、それとは別に、事業局、財務局、関係部局（行政改革担当等）が、庁内連携して、前年度事業の分析・検証を行い、評価の視点の共有を図り、各局の事業評価から特定の事業を選び、効率性、実効性、専門的視点等の多面的な検証を行い、その結果を財務局評価に反映していることがあります。財務局評価は、予算査定とは別に行うことで、事業経営的な視点から予算編成へ活用することができるといえます（図表1参照）。

図表1　事業評価の流れ（例）

《事業評価の流れ》

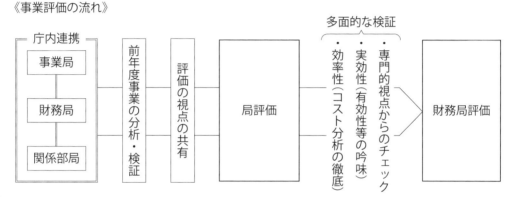

（出典：東京都（2019）「予算案の概要」（令和2年度）を参考に筆者作成）

　東京都においては、図表2のように評価手法の一覧と公表件数が公表されています。

図表2　評価手法の一覧と公表件数（令和2年度予算）

評価の種類	概要	公表件数
事後検証による評価	事業実施に伴う成果や決算状況の検証を徹底し、必要性や有益性のほか、執行体制や将来への影響などにも十分に留意した上で、今後の対応を評価	690
自律的経費評価	各局の創意工夫を促すという観点から、経常的・定型的な経費について、各局の責任の下で自主的・自律的な検証に基づく評価を実施	452
ＩＣＴ関係評価	情報システムの開発・運用及びＩＣＴを活用した新たな事業展開に当たり、費用対効果を高めるとともに、実効性確保の視点も含め、有効性・実現性・コストなどを検証	30

政策連携団体への支出評価	政策連携団体への支出を通じて実施する事業について、必要性や有益性、団体が実施する妥当性などを検証	44
執行体制の見直しを伴う事業評価	効率的・効果的な事業執行を図る観点から、執行体制を含めた事業の実施方法などを検証	1
監査結果に基づき見直しを図る事業評価	監査結果に基づく見直し内容を迅速かつ的確に予算に反映するため、効率性等の観点から、改善内容などを検証	1
複数年度契約の活用を図る事業評価	単年度契約のほか、債務負担行為や長期継続契約による複数年度契約の活用も含めた、最適な契約方法を分析・検証	28
エビデンス・ベース（客観的指標）による評価	施設の整備・改修、重要資産の購入、補助・委託事業の実施等に当たり、統計データや技術的指標などのエビデンス・ベース（客観的指標）により事業の妥当性等を検証	20
	合計	1,266

（出典：東京都（2019）「予算案の概要」（令和2年度）70頁）

この中で、財務情報を活用した予算編成の事例として次のような事例を紹介します。

① 事後検証による評価―離島空港（神津島空港・三宅島空港）（事業別財務諸表を活用した分析）―

図表3のように離島空港（神津島・三宅島）の現状を財務諸表の数値を使って、施設の老朽化や発着1回当たりのコストを示すことで、より効果的な事業を展開するために必要な投資を行うことの妥当性を説明しています。

図表3　事業別財務諸表

神津島空港
貸借対照表

資産　21億円 　うち建物　2億円 　うち工作物12億円 　うち土地　7億円	負債　2億円 　うち都債　2億円
	正味財産　19億円

三宅島空港
貸借対照表

資産　12億円 　うち建物　1億円 　うち工作物3億円 　うち土地　6億円	負債　5億円 　うち都債　4億円
	正味財産　7億円

神津島空港
行政コスト計算書

行政収入の部 行政収入　3百万円 　うち使用料及手数料　3百万円 行政費用　491百万円 　うち給与関係費　66百万円 　うち物件費　68百万円 　うち投資的経費　214百万円

三宅島空港
行政コスト計算書

行政収入の部 行政収入　4百万円 　うち使用料及手数料　2百万円 行政費用　494百万円 　うち給与関係費　66百万円 　うち物件費　76百万円 　うち投資的経費　289百万円

資産分析	建物老朽化 比率	61.9%	神津島
		66.4%	三宅島
		都平均 52.8%	

収支分析	発着当たり 行政コスト	194千円	神津島
		123千円	三宅島

（出典：東京都（2019）「予算案の概要」（令和2年度）73頁）

ここでは、事業別財務諸表の分析の結果として、下記の予算を策定しています。

・資産分析を踏まえた取組として、空港機能の維持・向上を図るために、神津島ターミナルビル改修工事として171百万円

・収支分析を踏まえた取組として、空港の利便性の向上を図りアクセス向上に向けた取組として61百万円

事業評価によって予算を削減するだけでなく、中期的な事業経営の視点から、必要な事業費を根拠づけることができる事例ということができます。

② ICT関係評価—RPA[(1)]を活用した帳票のデータ化モデル事業—

紙媒体で保管されているインフラや施設の点検データなどをAI-OCR[(2)]を用いて電子化した上で、RPAを活用してその他異なるフォーマットで管理されているデータと合わせデータベース化する実証実験を実施するとしています。

図表4のようなコスト比較により、行政データ資産化の取組を各局に展開し、経年データ分析等を可能にすることで、効率的・計画的なインフラの予防保全等を推進していくこととしています。

IT投資によって業務効率化を図ることができる事例といえます。

図表4　コスト比較（試算）

複雑な帳票を1万枚データ化した場合

（単位：百万円）

区分	ＲＰＡ等活用	従来手法	増減
事業費	6	－	6
人件費	13	150	▲137
合計	19	150	▲131

（出典：東京都（2019）「予算案の概要」（令和2年度）71頁）

注（1）RPAとは「Robotic Process Automation ／ロボティック・プロセス・オートメーション」の略語で、ホワイトカラーのデスクワーク（主に定型作業）を、パソコンの中にあるソフトウェア型のロボットが代行・自動化する概念です。

注（2）AI-OCRとは、手書きの書類や帳票の読み取りを行い、データ化するOCRへAI技術を活用する新たなOCR処理をいいます。RPAとの親和性も高く、OCRで紙書類／帳票を自動的に読み取り、認識結果をRPAで活用（業務システムへのデータ入力など）することで、様々な分野での業務改善を実現できます。

③ エビデンス・ベース（客観的指標）による評価─西部公園緑地事務所改築工事（他団
　体比較による検証と施設集約による効率化）─

　西部公園緑地事務所は、点在していた小規模施設の機能を集約するとともに、駐車場ス
ペースに新庁舎を建て替えることで、効率的な現地改築を実施するとしています。その際
に、図表5のように他自治体との事例比較の結果、計画時点での事業費に妥当性があるこ
とを検証して、整備を推進するとしています。

図表5　他自治体との比較

区分	西部公園緑地事務所	A県事務所	B県事務所
施設面積	2,058㎡	約900㎡	約3,000㎡
事業費	約11億円	約5億円	約17億円
単価	55万円／㎡	51万円／㎡	57万円／㎡

（出典：東京都（2018）「予算案の概要」（平成31年度）113頁）

　上記のように、事業別財務諸表を活用して予算編成に活用できる事例は多くはないかも
しれませんが、事業の廃止・見直しという目的だけでなく、中長期的な事業経営の視点か
ら、投資を伴う新規事業の選択やより効率的なサービス供給方法への変更など前向きな活
用方法が示されていることは意義があるといえます。

④ 事業評価の視点

　財務情報を活用した事業評価は、課題・目的の明確化（何を分析・検討したいのか）と
いう観点のもとに行われる必要があります。事業別財務諸表（事業の決算）の分析から事
業の課題や改善点を把握したい、あるいは、事業手法別の費用対効果を比較検討したいと
いう目的に対しては、図表6のような視点で評価を行うことが考えられます。

　例えば、下記のような視点があります。

・行政サービスの効率化を行う方法としては、直営事業の外部委託化、機械化（システ
　ム化）による業務効率化、1規模（単位）当たりのコスト比較による改善など。

・施設の更新に関する検討としては、既存設備の継続使用と新規設備導入のコスト比較、
　既存施設の更新に代えて民間施設を賃借する、複数の手段の組み合わせなど。

・財産の利活用の方法としては、未利用の土地や建物を効率的に利用できないか、貸付
　を行う場合の将来の収支見通しを検討することなど。

・収入未済や貸付金の管理については、事業別財務諸表に基づき不納欠損（貸倒損失）
　や回収可能額の見込を計算することなど。

図表6　評価の視点

課題の明確化
何を分析・検討したいのか？

決算の分析から、事業の課題や改善点を把握したい

事業手法別の費用対効果を比較検討したい

行政サービスの効率化	これまでの行政サービスは効率的か？　課題は何か？
	⇒事業別財務諸表による分析
	より効率的な行政サービスを行うにはどの方法が適切か？
	○　直営事業を外部委託化したら効果はどうか？ ○　機械化することでコストを軽減できるのでは？ ○　1規模当たりのコストで比較するとどうか？
施設の更新に関する検討	建物・設備の老朽化の具合はどうか？
	⇒事業別財務諸表による分析
	建物・設備の更新にあたってどのような手法を検討すべきか？
	○　既存設備の継続使用と新規設備導入のコスト比較はどうか？ ○　既存施設の更新に代えて、民間施設を賃借した場合は？ ○　複数の手段を組み合わせた場合の効率性は？
財産の利活用	活用されていない資産はないか？
	⇒事業別財務諸表による分析
	どのような手法で財産を利活用するのがよいか？
	○　使われていない土地や建物を効率的に活用するには？ ○　貸付を行う場合の将来の収支見通しはどうか？
その他	収入未済や貸付金は適切に管理されているか？
	⇒事業別財務諸表による分析　等

（出典：東京都の事例などを参考に筆者作成）

3．事業別分析と自治体間比較

　ここでは、新公会計制度普及促進連絡会議（2019）「検討部会報告書」（令和元年5月21日）をもとに、事業別分析の概要と分析の視点について説明します。[3]

（1）新公会計制度普及促進連絡会議「検討部会報告書」（令和元年5月21日）の概要

① 比較分析シート（様式）

　事業別分析部会では、参加自治体の調査結果をふまえて、比較分析シートの様式を作成

注（3）事業別分析部会の構成自治体は、町田市、大阪市、江戸川区、荒川区、福生市、八王子市、中央区、世田谷区、渋谷区、板橋区の10団体。

しました。様式の特徴は、コストのうち人件費及び物件費の内訳を把握できること、収入の項目で受益者負担の金額や国・都道府県支出金を把握できることです（図表7参照）。

図表7　比較分析シート

事業別比較分析シート

自治体名
事業名

（単位：千円）

			金額	主な内訳
財務情報	費用	人件費		
		常勤職員		
		嘱託職員		
		臨時職員		
		賞与・退職手当引当金繰入金		
		その他		
		物件費		
		委託料		
		水道光熱費		
		その他		
		維持補修費		
		扶助費		
		補助費等		
		減価償却費		
		その他		
		合計		
	収入	国庫支出金		
		都道府県支出金		
		使用料・手数料		
		その他		
		合計		

非財務情報	1	利用者数	
	2	利用件数	

単位当たりコスト	1	利用者数	
	2	利用件数	

（出典：新公会計制度普及促進連絡会議（2019）「検討部会報告書」67頁）

② 比較分析手法―効率性、経済性に基づく分析

　図表7の事業別比較分析シートを使用して各自治体の財務情報、非財務情報を調査した後、効率性や経済性に基づく指標を設定して比較分析を行っています。分析対象の事業のうち、図書館事業、体育館事業は、アウトカム指標があるため、効率性の指標として、「貸出点数1冊当たりコスト」、「利用者1人当たりコスト」を設定しています。経済性の指標としては、「1施設当たりコスト」を設定しています。効率性と経済性をそれぞれ横軸と縦軸に取り、散布図を作成することで、各自治体の差異を視覚的に把握し、差異の原因を分析しています。

　人件費の配賦方法を調査した結果、配賦方法は大きく2つに分かれていました。1つ目は、会計全体で平均単価を算出し、人数を乗じて人件費を算出する方法です。2つ目は、課単位で人件費を計上（1課1目）した上で、課の内数を算出する場合は従事時間等で按分する方法です。各自治体の予算体系に応じた方法を採用しています。

③ 分析対象の事業

　全ての自治体が実施している事業で、課または係単位の事業のうち、ソフト事業、施設運営事業、受益者負担のある事業を選んでいます。

分析対象の事業

（ア）小・中学校給食事業（ソフト事業）
（イ）図書館事業（施設運営事業）
（ウ）体育館事業（施設運営受益者負担事業）
（エ）公営住宅事業（施設運営受益者負担事業）
（オ）生活保護事業（ソフト事業）

（2）小・中学校給食事業

　学校給食の基本情報（図表8）とコスト分析の概要は下記のようになります。

図表8　学校と給食の基本情報

	実施方法について	給食費取扱い
小学校	単独校方式（直営）、単独校方式（委託）、共同調理場方式（直営）、共同調理場方式（委託）、親子調理方式、共同献立・共同購入方式	私会計
中学校	単独校方式（直営）、単独校方式（委託）、共同調理場方式（直営）、共同調理場方式（委託）、親子調理方式、共同献立・共同購入方式、弁当併用外注給食方式、ミルク給食、ランチルーム方式（委託）	私会計、公会計

（出典：新公会計制度普及促進連絡会議（2019）「検討部会報告書」43頁）

給食調理コストの分析では、1食当たりの給食調理コストを比較しています（図表9）。コストの高い自治体は常勤職員人件費が多くなっていることがわかります。

図表9　1食当たり給食調理コスト（小学校）

	給食1食当たり人件費＋調理委託費
小学校	257円～392円（平均値328円）
中学校	303円～678円（平均値415円）

（出典：新公会計制度普及促進連絡会議（2019）「検討部会報告書」44頁～45頁）

連絡協議会の参加自治体でもある町田市を取り上げて、少し詳しく検討してみます（図表10参照）。町田市（2018）「課別事業別行政評価シート」では、小学校給食1食当たり人件費は293円であり、平均値328円より少し低くなっています。中学校給食1食当たり人件費は461円であり、平均値415円より少し高くなっています。町田市では、小学校給食事業の課題として、正規職員の退職動向を踏まえて、計画的に給食調理委託を進めるとしており、2018年度では、小学校42校のうち14校に委託を導入しています。中学校給食事業は、給食調理委託によっていますが、課題として、喫食率（給食を利用している生徒の割合）が10.4％と低下していることから、2020年度に50％を目標としています。

図表10　給食1食当たり人件費＋調理委託費（町田市）

	連絡協議会参加自治体	町田市（2018年度）
小学校	257円～392円 （平均値328円）	293円 （食材費、減価償却費含む場合は、550円）
中学校	303円～678円 （平均値415円）	461円 （食材費、減価償却費含む場合は、792円）

（出典：町田市（2018）「課別・事業別行政評価シート」118頁～121頁）

（3）図書館事業（施設運営事業）

図書館事業の分析にあたり、①効率性を分析するため貸出1点当たりコスト、②経済性を分析するため1施設当たりコストの2軸で、各自治体の施設を散布図にまとめています（図表11、12参照）。

図表11　効率性と経済性の散布図（イメージ）

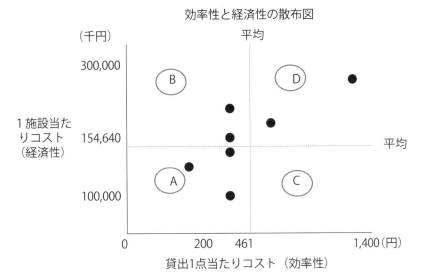

（出典：新公会計制度普及促進連絡会議（2019）「検討部会報告書」48頁を
参考に筆者作成）

図表12　単位当たりコスト

単位	単位当たりコスト
貸出１点当たりコスト	182円〜1,294円（平均値461円）
施設当たりコスト	6,234万円〜２億7,727万円 （平均値１億5,464万円）

（出典：新公会計制度普及促進連絡会議（2019）「検討部会報告書」48頁を参考に筆者作成）

　図表11では、図書館の全体が平均値を基準にして４象限に分けられています。

　A区分は、経済性も効率性も高い図書館で、指定管理施設が多いです。

　B区分は、効率性は高いですが、施設の維持費が高い図書館で、図書購入費が高いという特徴が見られます。

　C区分は、効率性が低いですが、施設の維持費も低い図書館で、貸出件数が少ないという特徴が見られます。

　D区分は、効率性も低く、施設の維持費も高い図書館で、直営館が多いです。直営館では、司書等の職員をかかえ、施設も立派なところもありますので、利用者にとっては、レファレンスの対応が良かったり、郷土資料等が充実していたりして、図書館の機能としては高い水準のところもあります（図表13参照）。

図表13 各象限（A、B、C、D）の意味

区分	貸出1点当たりコスト	施設当たりコスト	特徴
A	平均より安い	平均より安い	指定管理施設が多い
B	平均より安い	平均より高い	図書購入費が高い
C	平均より高い	平均より安い	貸出件数が少ない
D	平均より高い	平均より高い	直営館が多い（人件費高い） 図書購入費が高い

（出典：新公会計制度普及促進連絡会議（2019）「検討部会報告書」48頁～51頁を参考に筆者作成）

ここでも、町田市（2018）「課別行政評価シート」と比較してみます。町田市では、中央館と地域館7つの合計8館について、①効率性を分析するため貸出1点当たりコスト、②経済性を分析するため1㎡当たりコストの2軸で、各施設を散布図にまとめて分析しています。その結果、中央図書館（C区分）、小規模図書館（B区分）、移動図書館を運営する館（C区分、D区分）よりも、移動図書館を運営しない中規模館が相対的に効率性の高い結果（A区分）となっていることがわかります。また、図書館全体の課題として、貸出点数の減少が続いており、世代別の読書普及、図書館利用促進事業を推進するとしています（図表14参照）。

図表14 町田市内の図書館の単位当たりコスト

単位	単位当たりコスト
貸出1点当たりコスト	159円～590円
1㎡当たりコスト （1施設当たりコスト）	7万円～22万円 （5441万円～6億3100万円）

（出典：町田市（2018）「同種施設比較分析表（図書館）」『課別・事業別行政評価シート』36頁～37頁を参考に筆者作成）

＜活動基準原価計算の活用＞

図書館の業務は、いくつかのプロセスに分解することができます。プロセス単位のコストを把握することによって、業務の効率化・有効性を改善することが可能です。

図表15のコスト分析は、新宿区の「事業別コスト計算書 平成17年度」（平成18年）に基づくものです。図書館業務を11の業務に分類して、それぞれの業務指標（件数等）と指標値（実績）と業務コストを試算して、単位当たり業務コストを計算したものです。

図表15　業務活動ごとの指標によるコスト分析

	業務	業務指標	業務別コスト（千円）	指標値	単位指標当たり業務別コスト（円）
1	コレクション形成	資料購入件数	183,634	56,231	3,266
2	予約	予約件数	154,797	268,890	576
3	利用登録	新規登録者数	26,135	19,086	1,369
4	貸出	貸出数	217,752	2,034,164	107
5	督促及び返却	返却数	285,571	2,034,164	140
6	レファレンス	レファレンス件数	93,740	52,704	1,779
7	廃棄	廃棄数	23,759	38,000	625
8	行事関係	行事数	19,985	745	26,826
9	開館準備	開館日数	28,511	2,588	11,017
10	管理的業務	開館日数	372,599	2,588	143,972
11	その他	開館日	3,617	2,588	1,398

（注：指標値は平成16年度の実績）

（出典：新宿区「事業別コスト計算書」（平成18年）51頁）

　この試算の結果、例えば、コレクション形成（図書館資料の購入や寄贈によるコレクション形成）では、新規の資料1点を備え、貸し出せる状態にするまでに、3,266円の経費がかかっていることがわかりました（図表16参照）。

図表16　コレクション形成業務とコスト

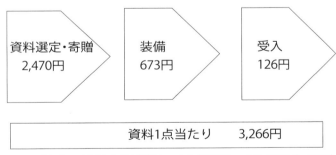

資料1点当たり　　　3,266円

（出典：新宿区「事業別コスト計算書」（平成18年）52頁）

　次に、資料1点の予約を各図書館で受け付け、他の地区館への連絡を行い、搬送する経費として、502円かかっています。また、資料1点が貸し出されてから返却されるまでの経費として247円かかっています。したがって、予約－貸出－返却というプロセスで貸し出す場合には、1冊当たり749円かかっていることがわかりました（図表17参照）。

図表17　予約・貸出・督促・返却とコスト

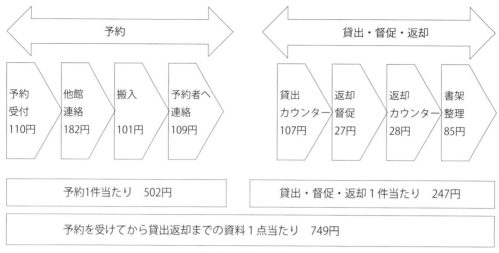

（出典：新宿区「事業別コスト計算書」（平成18年）52頁）

このような業務活動別のコスト計算から次のことがわかります。

・指定管理業務や業務委託を導入する場合、どのような業務に導入するかなどの費用対効果を試算するのに役立てることができます。

・正規の職員は、専門性の高く、付加価値の高い業務に配置するなど人員配置の検討をする場合にも有用といえます。

上記に加えて、図書館の財務分析の視点としては、下記のようなものがあります。

図書館の財務分析の視点

・実施方法は直営か、指定管理者（公募か非公募か）か
・中央図書館と地域館の位置付け（関係）
・施設の利用者は市民か市民以外か
・事業評価の指標として利用者数及び利用者満足度などの活用

（4）体育館事業（施設運営受益者負担事業）

体育館事業の分析にあたり、①効率性を分析するため利用者1人当たりコスト、②経済性を分析するため1施設当たりコストの2軸で散布図にまとめています（図表18参照）。

図表18　効率性と経済性の散布図（イメージ）

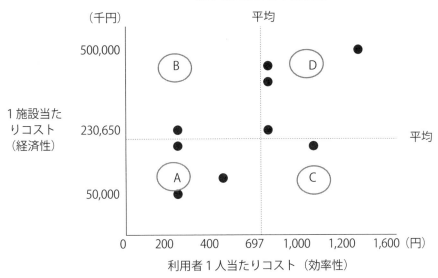

（出典：新公会計制度普及促進連絡会議（2019）「検討部会報告書」53頁を参考に筆者作成）

　体育館事業の単位当たりコストの指標と実績値は図表19、各象限の意味は図表20のようになります。

図表19　単位当たりコスト

指標	単位当たりコスト等
利用者1人当たりコスト	261円〜1,492円（平均値697円）
1施設当たりコスト	1,961万円〜4億3,409万円 （平均値2億3,065万円）
受益者負担割合	14.3%〜40.3%（平均値23.4%）

（出典：新公会計制度普及促進連絡会議（2019）「検討部会報告書」53頁〜55頁を参考に筆者作成）

図表20　各象限（A、B、C、D）の意味

区分	利用者1人当たりコスト	施設当たりコスト	特徴
A	平均より安い	平均より安い	受益者負担割合が高く、指定管理料が低い
B	平均より安い	平均より高い	利用者数が多いが、施設運営の人件費が高い
C	平均より高い	平均より安い	利用者数が少ない
D	平均より高い	平均より高い	大規模修繕がある、施設の規模に比べて、利用者数が少ない

（出典：新公会計制度普及促進連絡会議（2019）「検討部会報告書」54頁〜56頁を参考に筆者作成）

上記に加えて、体育館事業の財務分析の視点としては、下記のようなものがあります。

体育館事業の財務分析の視点

- ・事業区分は単独か、複数か。実施方法は指定管理者か、直営か
- ・指定管理者は、公募により選定された民間事業者か、非公募により選定された外郭団体（公益財団法人）か
- ・施設の利用者は個人利用中心か、団体利用中心か
- ・利用料金収入の状況（指定管理者制度では利用料金制度を適用しているか）
- ・事業評価の指標は利用者数及び利用者満足度などを活用しているか
- ・指定管理者制度の施設運営については、
  利用料金収入を含めた施設全体のコストを表すことが有用
  事業者の収支報告と区の行政コストを合算（連結）して見ることが有用

（5）公営住宅事業（施設運営受益者負担事業）

分析の概要は以下のとおりです。

10自治体のデータをもとに、公営住宅一戸当たりコストを計算したところ、279千円から1,393千円まであり、平均費用は808千円です。

コスト構造を分析すると、最も大きい割合を占めているのが、減価償却費です。減価償却費は、建設取得時期によって大きく変動しています。また、借上げ住宅の場合、借上げ費用（物件費）が大きいことがわかります。

一戸当たりの使用料・手数料は、平均値524千円です。費用と収入を差引きした結果、収入が費用を上回る自治体が2自治体あります（図表21参照）。

各自治体の保有する公営住宅は、1棟から1,894棟まで幅があることから、団地別の分析も検討課題であるとしています。

図表21　単位当たりコスト

指標		単位当たりコスト等
一戸当たりコスト		279千円～1,393千円（平均値808千円）
減価償却費	金額	157千円～748千円（平均値334千円）
	割合	23.7%～72.1%（平均値41.3%）
一戸当たり使用料・手数料		276円～1,099円（平均値524千円）
受益者負担割合		34.4%～106.0%（平均値64.9%）

（出典：新公会計制度普及促進連絡会議（2019）「検討部会報告書」57頁～59頁を参考に筆者作成）

公営住宅事業の財務分析の視点としては、下記のようなものがあります。

財務分析の視点

・住宅政策のあり方（福祉政策への転換）
・施設運営型と補助金支給方式の比較
・借上型住宅と所有型住宅のあり方
・経営改善に向けた取組の視点
　　使用料の滞納抑制、滞納金の納付促進
　　借上賃料の適正化（市場家賃との乖離の有無）
　　建設費用に対する利子補給金
・指定管理者制度の活用

（6）生活保護事業（ソフト事業）

　分析の概要は下記のとおりです。

　8団体の回答結果に基づき、被保護1人当たりコストと被保護1世帯当たりコストを計算しています。その結果によれば、被保護1人当たりコストは、1,792千円～2,461千円（平均値2,100千円）、被保護1世帯当たりコストは、2,504千円～2,809千円（平均値 2,619千円）となっています。また、1世帯当たり人数の少ない方が1人当たりの扶助費が高くなる傾向があります。

　コスト構造の分析では、被保護1世帯当たりコストにおいて、人件費は88千円～180千円（平均値126千円）と約2倍の開きがありました。福祉事務所数が複数ある団体は人件費が高い傾向にあります。対象者の年齢や世帯類型の違いに応じた差もあります。

　被保護者1世帯当たりの扶助費は、2,385千円～2,650千円（平均値2,474千円）でした。扶助費の中でも、医療扶助費について、ジェネリック（後発）医薬品の普及率が高いほど、医療扶助費が小さい傾向にあることがわかります（図表22参照）。

図表22　単位当たりコスト

指標		単位当たりコスト等
被保護1人当たりコスト		1,792千円～2,461千円（平均値2,100千円）
被保護1世帯当たりコスト		2,504千円～2,809千円（平均値2,619千円）
被保護1世帯当たりコスト	人件費	88千円～180千円（平均値126千円）
	扶助費	2,385千円～2,650千円（平均値2,474千円）
1世帯当たり人数		1.1～1.4

（出典：新公会計制度普及促進連絡会議（2019）「検討部会報告書」60頁～62頁を参考に筆者作成）

　ここでは、江戸川区「財務レポート」（平成30年度）における課題と成果をみてみます。江戸川区では、被保護1人当たりコストが1,961千円、被保護1世帯当たりコストが2,588千円となっています。被保護1世帯当たり人件費は116千円、扶助費は2,430千円です。医

療扶助費について、ジェネリック使用率の上昇（平成27年度66.6％から平成30年度90.1％へ）、長期入院者の施設・居宅への移行などに努めていますが、高齢化による入院費の増加などで全体としては増額となっています。将来にわたって適正な生活保護費支給や貧困の連鎖防止に努めていくとして、保護の適正実施、被保護者世帯の自立助長に重点を置き、就労支援の推進、大学等への進学支援、返還金等の債権管理及び収納率の向上に取り組むとしています（「財務レポート」（平成30年度）477頁～478頁参照）。

　以上のように、自治体間比較によって他自治体の良い取組を取り入れることができます。事業別分析部会では、分析の成果と今後の課題を踏まえて、市民サービスの向上につなげるため、引き続き公会計情報の活用を推進していくとしています。

　次に、連絡協議会で取り上げられていない事業や施設別コスト比較について、町田市や江戸川区の事例を参考にして説明します。

（7）保育園事業（施設受益者負担型・施設なし受益者負担型）

　各自治体は、住民の保育ニーズに応じて、ひとりでも多くの児童が入所できるよう保育施設の拡充や保育サービスの利用相談や情報提供に努めています。

　町田市においては、待機児（特に低年齢児）の解消のために、民間保育園の増設や定員拡大を行い、過去最大の入所児童数となっています。園児1人当たりのコストは、民間保育園で1,823千円、公立保育園で2,386千円となっています。受益者負担率は、それぞれ14.3％、10.4％です。民間保育園では、入所児童に占める低年齢児の割合が高まったため、児童1人当たりコストは増加しています。

　町田市では、待機児童解消の対策として、コスト面とスピードの面から、民間保育園を活用していることがわかります（図表23参照）。

図表23　町田市保育園（2018年度）　　　　　　　　　　　　　　（単位：千円）

	民間保育園	公立保育園
行政費用	11,237,642	1,214,684
うち人件費	136,460	973,792
うち扶助費	10,187,673	0
入所児童数（月平均）	6,163	509
児童1人当たりコスト	1,823,405	2,386,413
利用料金収入	1,612,500	126,923
受益者負担率	14.3％	10.4％
園数	認可保育所69園	市立保育園5園

（出典：町田市（2018）「事業別行政評価シート」78頁～79頁、84頁～85頁を参考に筆者作成）

　保育園事業の財務分析の視点としては、下記のようなものがあります。

財務分析の視点

> ・待機児解消（保育サービス提供率の向上）施策の展開
> ・民間保育園と公立保育園とのバランスとコスト比較
> ・年齢別コストの分析
> ・上乗せ補助金の状況
> ・受益者負担率の適正性
> ・入所の公平性

（8）施設別コスト比較

　町田市や江戸川区では、財務会計システムから、勘定科目別と施設別の比較分析表を作成して、全庁的に一覧できるような取組をしています。勘定科目別では、人件費の多い事業や人件費が増加した事業などを比較しています。

　施設別コスト比較では、類似施設のコスト比較ができます。

　江戸川区「財務レポート」では、下記のような分類で比較しています。

> ・庁舎施設系：「庁舎等」「清掃事務所」「福祉事務所葛西地区庁舎」「子ども家庭支援センター庁舎」「保健所等」
> ・文化施設系：「総合区民ホール」「総合文化センター」「区民センター」「篠崎公益複合施設」
> ・宿泊施設系：「穂高荘」「塩沢江戸川荘」「ホテルシーサイド江戸川」
> ・スポーツ施設系「総合体育館」「スポーツランド」「スポーツセンター」「陸上競技場」「江戸川区球場」「臨海球技場」
> ・障害者施設系：「希望の家」「虹の家」「みんなの家」「えがおの家」「さくらの家」「福祉作業所」「障害者支援ハウス」「就労支援センター」「育成室」
> ・区民館・コミュニティ会館等施設：「区民館・コミュニティ会館等（区民課・各事務所）」

（出典：江戸川区（2019）「財務レポート」（平成30年度）620頁）

　江戸川区の施設費の計算において特徴的なことは、指定管理者制度を採用している施設について、区の行政費用に指定管理者の支出を加えてから、区の指定管理負担金を控除することによって、フルコストを試算していることです。

> フルコスト＝区の行政費用＋指定管理者の支出－区の指定管理負担金
> 純コスト＝フルコスト－利用料金収入

　図表24のように、文化施設系の総合区民ホールでは、利用者1人当たりフルコストは1,582円、利用者1人当たり純コストは1,374円、受益者負担率は13.1％であることがわかります。スポーツ施設系の総合体育館では、利用者1人当たりフルコストは697円、利用者1人当たり純コストは558円、受益者負担率は20.0％であることがわかります。

　施設別コストの比較は、同種施設だけでなく、全庁的に他の類型の施設とのコスト比較もできます。これまで見えなかったコストの比較ができますので、今後の活用の手がかりにすることができます。

図表24　施設別コスト比較（江戸川区）

文化施設 /スポーツ施設	区の行政費用		指定管理者の情報		個別分析					
	a（千円）	うち指定管理負担金d（千円）	指定管理者の支出G（千円）	利用料金収入H（千円）	フルコスト=G+a-d	純コスト=G+a-d-H	受益者負担率L＝H/(G+a-d)(％)	利用者数C（人）	利用者1人当たりフルコストM=(G+a-d)/C（円）	利用者1人当たり純コストM=(G+a-d-H)/C（円）
文化施設系										
総合区民ホール	1,251,657	482,694	1,573,624	306,718	2,342,587	2,035,869	13.1%	1,481,214	1,582	1,374
総合文化センター	458,497	214,415	523,681	190,752	767,763	577,011	24.8%	1,094,499	701	527
区民センター	219,105	157,336	477,317	42,401	539,086	496,685	7.9%	503,338	1,071	987
篠崎公益複合施設	267,885	216,699	250,921	1,097	302,107	301,010	0.4%	572,572	528	526
スポーツ施設系										
総合体育館	215,838	149,323	293,508	71,863	360,023	288,160	20.0%	516,527	697	558
スポーツランド	171,394	111,926	257,080	97,354	316,548	219,194	30.8%	287,659	1,100	762
スポーツセンター	296,761	172,400	347,102	101,039	471,463	370,424	21.4%	845,161	558	438
陸上競技場	148,584	52,933	75,977	11,534	171,628	160,094	6.7%	246,795	695	649
江戸川区球場	142,499	68,093	86,479	10,469	160,885	150,416	6.5%	104,870	1,534	1,434
臨海球技場	123,653	80,947	122,547	16,382	165,253	148,871	9.9%	286,001	578	521

（出典：江戸川区（2019）「財務レポート」（平成30年度）621頁～622頁を参考に筆者作成）

（9）ベンチマーキング分析

　町田市等[4]では、自治体間ベンチマーキングを活用した業務の見直しを試みています。

　これは、人口規模が同程度の自治体間で業務プロセス、パフォーマンス、コスト等を比較し、差異を「見える化」するとともに、最新のテクノロジーの積極的な活用を想定しながら、自治体間で共通化できるベストプラクティスについて検討して、業務改革・改善につなげる取組です。本取組は、地方行政サービス改革の先行事例として国からも取り上げられ、他の自治体から注目されています。

　具体的には、業務プロセス分析の対象サービスとして、基幹業務（介護保険事業、国保事業、生活保護事業）を取り上げています。業務プロセスの比較により、業務の標準化、最適化、平準化につなげることを目指しています。

　また、サービス水準調査も行っています。自治体の独自サービスについて、妥当なサービスの質や量を客観的に判断するのが困難（高齢者福祉、子ども・子育てサービス）な面がありますが、サービス水準の比較を行うことにより、コスト比較だけでなく、サービス水準の適正化を検討することができるとしています[5]。

注（4）　自治体間ベンチマーキング参加自治体は、町田市、八王子市、藤沢市、江戸川区、多摩市、船橋市、郡山市、厚木市、市川市、松戸市、三鷹市の11自治体（2015年度～2018年度）。町田市（2019）「自治体間ベンチマーキングの概要～自治体間比較による行政経営改革～」参照。

注（5）　町田市（2019年）「第1回行政経営監理委員会」資料参照

4．まとめ

　地方自治体の財政状況について、財務諸表を使って、経年比較や他自治体比較を行うことや、財務の健全性あるいは脆弱性を包み隠さずに述べることは、財政運営の分析と今後の方向性を検討するために必要なことです。同時に、個々の組織や職員の行動を変革するような経営上の仕組みが必要です。そのためには、個々の組織の目標と、予算・決算・評価を統合した業績評価の仕組みが有用であると考えます。その取組の成果を予算編成に活用し、住民に情報開示することがアカウンタビリティの充実につながります。

　地方自治体の公会計改革は、経営改革と一体化して大きな成果が得られるものです。そのような基本的な考え方のもとで、より良い経験を蓄積し普及することが重要であると考えます。これらの取組が今後の公会計制度改革にとって有用なものになることを願っています。

演習問題

1 貴自治体において、事業別財務諸表を作成して、事業評価と統合したレポートの作成
をしてください。

なお、管理部門の事例として、江戸川区財政課の財務レポートを添付していますので、
参考としてください（図表25）。

（手順）

① 事業の分類、対象事業の選定

② 事業コストの試算

③ 事業の効率性の指標の設定

④ 事業の成果の評価、それを実現するために投入した資源との結びつき

① 対象事業の選定

事業類型	
事業名	

② 事業コストの試算

行政コスト

	勘定科目	（　）年度		勘定科目	（　）年度
行政費用	給与関係費	（　）	行政収入	地方税	（　）
	物件費	（　）		地方交付税等	（　）
	うち委託料	（　）		国庫支出金	（　）
	維持補修費	（　）		都道府県支出金	（　）
	扶助費	（　）		分担金及負担金	（　）
	補助費等	（　）		使用料及手数料	（　）
	減価償却費	（　）		その他	（　）
	不納欠損引当金繰入額	（　）	小計 H		（　）
	賞与・退職引当金繰入額	（　）	行政収支差額 I＝H−G		（　）
	その他	（　）	金融収支差額 J		（　）
	小計 G	（　）	通常収支差額 K＝I＋J		（　）
特別費用 小計 L		0	特別収入 小計 M		（　）
特別収支差額 N＝M−L		0	当期収支差額 O＝K＋N		（　）

（注）事業別比較分析シート（図表 7）も利用してみてください。

主な内容の説明

（空欄）

人件費の内訳

	常勤	非常勤	臨時
人数	（　　　　）	（　　　　）	（　　　　）
金額	（　　　　）	（　　　　）	（　　　　）

貸借対照表

勘定科目	（　　　）年度	勘定科目	（　　　）年度
流動資産 G	（　　　）	流動負債 J	（　　　）
収入未済	（　　　）	還付未済金	（　　　）
不納欠損引当金	（　　　）	地方債	（　　　）
その他	（　　　）	賞与引当金	（　　　）
固定資産 H	（　　　）	その他	（　　　）
土地	（　　　）	固定負債 K	（　　　）
建物	（　　　）	地方債	（　　　）
工作物	（　　　）	退職給与引当金	（　　　）
インフラ資産	（　　　）	その他	（　　　）
リース資産	（　　　）	負債の部合計 L＝J＋K	（　　　）
建設仮勘定	（　　　）	正味財産の部	（　　　）
その他	（　　　）	正味財産の部合計 M＝I－L	（　　　）
資産の部合計 I＝G＋H	（　　　）	負債及び正味財産の部合計 N＝L＋M	（　　　）

主な内容の説明

```




```

③ 事業の効率性の指標の設定

成果指標（財務分析の指標）

単位当たりコスト	( )
( )	( )

④ 事業の成果の評価、それを実現するために投入した資源との結びつき

成果の説明

```




```

総括

```




```

〈参考文献〉
・江戸川区（2019）「財務レポート」（平成30年度）
・新公会計制度普及促進連絡会議（2015）「公会計セミナー2015　新公会計制度によるセグメント分析（町田市）」
・新公会計制度普及促進連絡会議（2019）「検討部会報告書」（令和元年 5 月21日）
・新宿区（2006）「事業別コスト計算書」（平成18年）
・鈴木豊監修・著（2014）『公会計・公監査の基礎と実務』法令出版
・東京都（2018）「予算案の概要」（平成31年度予算）
・東京都（2019）「予算案の概要」（令和 2 年度予算）
・町田市（2019）「同種施設比較分析表（図書館）」『課別・事業別行政評価シート（2018年度）』
・町田市（2019）「第 1 回行政経営監理委員会」資料
・町田市（2019）「自治体間ベンチマーキングの概要〜自治体間比較による行政経営改革〜」

図表25　江戸川区「財務レポート」の例

【平成30年度　経営企画部　財政課　課別（歳出目別）財務レポート】

セグメント	款	項	目	特定事業
	経営企画費	経営企画費	**財政管理費**	−

1　組織目標
◆将来世代に負担を先送りしない財政運営と強固な財政基盤の確立
◆区民に説得力のある予算編成
◆財務レポートの活用とコスト意識の強化

2　所管事務
◆江戸川区全体の財政計画に関すること
◆予算編成、配当及びその他執行の調整に関すること
◆「財政状況の公表」「健全化判断比率」など、江戸川区の財政事情に関する資料の作成及び公表に関すること
◆財務レポートの分析・活用、各課作成作業の支援に関すること

3　平成29年度の財務分析を踏まえた今後の課題
◆社会保障経費など増え続ける今後の行政需要に対応できる財政基盤を確保し、今後も健全財政を維持するために引き続き各課に財源確保の要請を働きかけるとともに、経費の見直しを進める必要があります。
◆今後、数多くの公共施設等の改築時期が迫っており、将来需要に見合った基金の積立と計画の策定を行う必要があります。
◆財務レポートの活用について、予算編成や予算査定など具体的な取り組みの研究を進めていく必要があります。

4　事業の成果

成果指標	27年度	28年度	29年度	30年度	成果指標の説明
経常収支比率（％） ※区全体の水準を表したもの	73.8	74.4	76.0	76.3	財政の弾力性を判断する指標。指数が低いほど自由に使えるお金が多くあることを意味します。（適正水準：70〜80％）
基金残高（億円）	1,482	1,650	1,830	2,001	基金：※主要6基金の積立金です。（貯金）
特別区債残高（億円）	137	137	139	132	特別区債：資産形成のために発行した地方債です。（借金）

成果の説明
◆経常収支比率は、平成24年度の施策の見直しや景気回復により、平成25年度から適正水準範囲を保っています。
◆基金残高について、学校改築や街づくり整備、財政調整に3,268,108千円取崩しました。しかし、適正な予算執行、予算編成の結果、基金残高が17,148,108千円増加し、200,110,320千円となり、今後の公共施設の改築需要等の備えと財政基盤の強化が図られました。
◆特別区債残高は、世代間負担の公平性を図る観点から学校改築用として1,256,000千円を借入れました。道路整備・学校改修・図書館建設などの区債について、1,933,165千円を返済しました。結果として、返済額が借入額を上回ったため、特別区債残高は677,165千円減少し、13,206,780千円となりました。
◆平成30年6月と12月に「財政状況の公表」を、平成30年11月に「健全化判断比率」を公表しました。
◆平成30年5月9日に財務レポートの作成支援の一環として「財務レポートの分析と作成」の研修を実施し、各課の分析・作成のスキルアップを図りました。
※主要6基金：財政調整基金、減債基金、ＪＲ小岩駅周辺地区等街づくり基金、大型区民施設及び庁舎等整備基金、教育施設整備基金、災害対策基金

5　財務情報

①行政コスト計算書

（千円）

	勘定科目	28年度	29年度(A)	30年度(B)	C=B-A		勘定科目	28年度	29年度(D)	30年度(E)	F=E-D
行政費用	給与関係費	91,550	87,873	85,878	△ 1,995	行政収入	地方税	0	0	0	0
	物件費	9,579	6,915	6,475	△ 440		特別区財政調整交付金	92,393,056	90,162,567	94,428,225	4,265,658
	うち委託料	*6,834*	*4,661*	*4,108*	*△ 553*		国庫支出金	0	0	0	0
	維持補修費	0	0	0	0		都支出金	0	0	0	0
	扶助費	0	0	0	0		分担金及負担金	0	0	0	0
	補助費等	85	203	203	0		使用料及手数料	0	0	0	0
	減価償却費	0	0	0	0		その他	16,483,776	17,488,140	15,263,882	△ 2,224,258
	不納欠損引当金繰入額	0	0	0	0		小計 H	108,876,832	107,650,707	109,692,107	2,041,400
	買与・退職引当金繰入額	13,360	34,187	8,248	△ 25,939		行政収支額 I=H-G	108,762,259	107,521,530	109,591,304	2,069,774
	その他	0	0	0	0		金融収支額 J	187,810	150,939	97,798	△ 53,141
	小計 G	114,573	129,177	100,803	△ 28,374		通常収支額 K=I+J	108,950,069	107,672,469	109,689,102	2,016,633
	特別費用　小計 L	0	0	0	0		特別収入　小計 M	0	850	132	△ 718
	特別収支額 N=M-L	0	850	132	△ 718		当期収支額 O=K+N	108,950,069	107,673,319	109,689,234	2,015,915

②行政コスト計算書の特徴的事項

勘定科目	勘定科目
決算額の主な内訳 【物件費】 財務システム経費4,108千円、当初・補正予算書作成経費1,578千円、決算諸表・レポート作成経費468千円など 【その他行政収入】 地方消費税交付金11,488,077千円、地方譲与税1,033,098千円、配当割交付金707,996千円、自動車取得税交付金615,850千円、株式等譲渡所得割交付金578,328千円など 【金融収支額】 主要6基金の基金利子収入179,910千円など 【特別区財政調整交付金】【その他行政収入】 区の一般財源ですが、財政課に集約しています。	主な増減理由 【特別区財政調整交付金】 交付金の原資である市町村民税（法人分）の収入増などの要因で交付金が4,265,658千円増加など 【その他行政収入】 平成30年度税制改正により、地方消費税交付金の都道府県間の清算基準が見直されたことにより1,977,746千円減少など 【金融収支額】 基金利子収入が53,615千円減少など

③キャッシュ・フロー収支差額集計表

（千円）

勘定科目	金額	勘定科目	金額	勘定科目	金額
行政サービス活動収入	109,872,017	社会資本整備等投資活動収入	3,268,108	財務活動収入	0
行政サービス活動支出	106,728	社会資本整備等投資活動支出	20,498,328	財務活動支出	0
行政サービス活動収支差額 A	109,765,289	社会資本整備等投資活動収支差額 B	△ 17,230,220	財務活動収支差額 C	0
収支差額 D=A+B+C	92,535,069	一般財源共通調整	59,522,518	一般財源充当調整	△ 151,073,971

④貸借対照表

(千円)

勘定科目	29年度(A)	30年度(B)	C=B-A	勘定科目	29年度(D)	30年度(E)	F=E-D
流動資産 G	54,128,870	54,517,609	388,739	流動負債 J	5,382	5,340	△ 42
収入未済	0	0	0	還付未済金	0	0	0
不納欠損引当金	0	0	0	特別区債	0	0	0
その他	54,128,869	54,517,609	388,740	賞与引当金	5,382	5,340	△ 42
固定資産 H	140,744,593	158,487,578	17,742,985	その他	0	0	0
土地	0	0	0	固定負債 K	84,841	78,827	△ 6,014
建物	0	0	0	特別区債	0	0	0
工作物	0	0	0	退職給与引当金	84,841	78,827	△ 6,014
インフラ資産	0	0	0	その他	0	0	0
リース資産	0	0	0	負債の部合計 L=J+K	90,223	84,166	△ 6,057
建設仮勘定	0	0	0	正味財産の部	194,783,239	212,921,021	18,137,782
その他	140,744,593	158,487,578	17,742,985	正味財産の部合計 M=I-L	194,783,239	212,921,021	18,137,782
資産の部合計 I=G+H	194,873,463	213,005,187	18,131,724	負債及び正味財産の部合計 N=L+M	194,873,463	213,005,187	18,131,724

⑤貸借対照表の特徴的事項

決算額の主な内訳	勘定科目	主な増減理由	勘定科目
	【その他（流動資産）】 財政調整基金41,649,743千円、現金預金12,867,867千円		【その他（流動資産）】 財政調整基金が取崩により388,740千円減少など
	【その他（固定資産）】 教育施設整備基金55,685,271千円、大型区民施設及び庁舎等整備基金50,049,018千円、ＪＲ小岩駅周辺地区等街づくり基金30,634,666千円、災害対策基金20,028,147千円、減債基金2,063,475千円、出資金27,000千円		【その他（固定資産）】 大型区民施設及び庁舎等整備基金が積立により17,139,259千円増加、教育施設整備基金が取崩・積立により1,680,392千円増加、災害対策基金が積立により2,406千円増加、減債基金が積立により617千円増加、ＪＲ小岩駅周辺地区等街づくり基金が取崩・積立により1,079,691千円減少

6 財務構造分析

◆行政コスト計算書／行政費用の性質別割合

30年度：給与関係費 85.2%、物件費 6.4%、その他 8.4%

29年度：給与関係費 68.0%、物件費 5.4%、その他 25.8%

28年度：給与関係費 79.9%、物件費 8.4%、その他 11.7%

◆人に関わるコストの内訳 (人・千円)

年度	項目	常勤職員	非常勤職員	臨時職員	その他
30年度	人数	11	―	―	―
	金額	85,878	―	―	―
	うち時間外手当	3,944			
29年度	人数	11	―	―	―
	金額	87,873	―	―	―
	うち時間外手当	4,870			
対前年度	人数	0	―	―	―
	金額	△ 1,995			
	うち時間外手当	△ 926			

7 個別分析

◆財政力指数の推移（自主財源の割合を示す指数）

指標	27年度	28年度	29年度	30年度
財政力指数	0.39	0.40	0.41	0.41

◆特別区財政調整交付金と経常収支比率の推移

◆その他の分析指標

指標	28年度	29年度	30年度
区民一人あたりのコスト	165円	186円	144円
区民一人あたりの資産額	254,238円	280,112円	305,252円
区民一人あたりの負債額	98円	130円	121円

8 総括

①事業の成果及び財務分析

◆適正な予算執行、予算編成の結果、基金残高を171億円増加させ、特別区債残高は6.8億円減少しました。結果、区の基金残高は2,001億円、特別区債残高は132億円となりました。

◆本区の財源構成は経年比較しても特別区財政調整交付金などの依存財源が歳入の大きな部分を占めています。近年は景気回復などを要因として、特別区財政調整交付金の歳入が増加し、経常収支比率は適正範囲を保っています。しかし、特別区財政調整交付金は景気動向の影響を受けやすく、また、その他の財源についても国の制度改正により大きな影響が生じます。平成30年度においては税制改正によって地方消費税交付金が大きく減少するなど将来にわたって安定した歳入が確保できているとは言えません。このため、情勢の変化に柔軟に対応できる財政基盤の確立が必要です。

◆行政コスト計算書／行政費用の性質別割合をみると、経年を通じて給与関係費が歳出の大きな割合を占めています。これは、所管事務が予算編成や財政事情の資料作成などであるためです。人事異動による職員の年齢構成の変化、予算編成・決算統計事務における職員の事務改善による時間外勤務削減の取組によって給与関係費が減少しています。

◆財務課で2,130億円の資産（主要6基金、現金預金）を所管しているため、区民一人あたりの資産額が他事業より多くなっています。

②「事業の成果及び財務分析」を踏まえた今後の課題

◆少子高齢化への対応、公共施設の老朽化、災害対策など今後も行政需要が増え続けると見込まれます。依存財源に頼った財源構成であるため、情勢の変化に柔軟に対応し、将来にわたり健全財政を維持していくために財源の確保と経費の見直し、適切な予算編成と執行管理を行っていく必要があります。

◆基金残高は2,000億円を超え、過去最大規模となりました。しかし、今後の公共施設の改築経費について、現状（平成31年3月31日現在）と同じ規模で改築した場合、改築に要する概算額は4,500億円程度と推計されています。将来需要に備えて計画的に基金を積立てていく必要があります。

◆財務レポートの活用については、他自治体との意見交換、比較など検討を重ねてきましたが、具体的な活用方法は検討中です。引き続き職員の習熟度向上に努めるとともに活用方法について研究を進めていく必要があります。

（出典：江戸川区（2019）「財務レポート」（平成30年度）221頁〜222頁）

■ 第4章　公会計情報の財政政策への活用

1．はじめに

　本章では、公会計の財政政策への活用というテーマで、公会計の情報価値と財政政策との連携について説明します。

　公会計では、資金収支計算書（キャッシュ・フロー計算書）で収入と支出を認識し、行政コスト計算書及び純資産変動計算書で収益と費用を認識します。また、貸借対照表で資産と負債を認識しますが、資産も負債もいずれも過去の事象から発生した将来の資源の流入や流失です。いわば過去の情報です。これに対して、財政政策は将来の収入と支出の予測です。会計という過去の情報をどのように財政という将来の情報に連携していくかを考えてみます。

　2．現状の財政運営と財政指標では、財政健全化法に基づく健全化判断比率について簡単に説明します。

　3．財務書類の財政運営への活用では、公会計によってはじめてわかる情報として、世代間負担の衡平性の指標について説明します。

　4．公会計情報と財政健全化比率との連携では、公会計の情報価値によって、財政運営の状況をより深く理解できることを説明します。

　5．財務書類と中期財政見通しとの関係では、過去情報である財務書類と、将来情報である中期財政見通しの関係を説明します。

　6．世田谷区の事例では、中期財政見通しの取組を取り上げて説明します。中長期的な財政の課題として、少子高齢化に伴う社会保障関連費の増加と、インフラ資産・公共資産の老朽化による維持更新という大きな財政需要があります。この2つの財政需要に対して、将来の予測どおりに財政運営を行った場合、財政状態と財務業績はどのように変化するのか、財政収支は均衡するのか、世代間負担の衡平性は維持されるのかを考えてみます。

2．現状の財政運営と財政指標

　現状では，財政運営は、一般会計・特別会計等の予算・決算が現金主義に基づくことや、「地方公共団体の財政の健全化に関する法律」（「財政健全化法」）に基づく指標が現金ベースであることから、現金ベースの管理を中心に行っています。

　地方自治体は、財政健全化法に基づき、前年度の決算に基づく健全化判断比率等を監査委員の審査に付したうえで、議会に公表しなければなりません。この比率が法定基準を超えると、早期健全化計画の策定が義務付けされます。

　健全化判断比率には下記のものがあります。

　① 実質赤字比率（一般会計等を対象とした実質赤字の標準財政規模に対する比率）

② 連結実質赤字比率（全会計を対象とした実質赤字（または資金の不足額）の標準財政規模に対する比率）

③ 実質公債費比率（一般会計等が負担する元利償還金及び準元利償還金の標準財政規模に対する比率）

④ 将来負担比率（一般会計等が将来負担すべき実質的な負債の標準財政規模に対する比率）

⑤ 資金不足比率（公営企業ごとの資金の不足額の事業の規模に対する比率）

　この比率の計算対象となっている金額は、基本的に、一般会計・特別会計等の決算に基づく現金ベースの収支の赤字や借入金返済額（公債費）です。

3．財務書類の財政運営への活用

　発生主義会計に基づく財務書類は、健全化判断比率に含まれていません。しかし、ここでは、発生主義会計の財務情報を財政健全化の指標として活用することを考えてみます。

　例えば、次のような活用方法が考えられます。

① 公会計による世代間負担の衡平性の評価

　現金ベースの財政収支が均衡していたとしても、世代間負担の衡平性が保たれているかどうかはわかりません。行政サービスコストには、現金ベースの財政収支では考慮されていない減価償却費、引当金等が計上されています。そのため、現金ベースの財政収支の均衡が黒字であっても、発生主義会計に基づく本年度差額（行政サービスの費用と税収等収入との差額）が赤字になることもあります。発生主義会計によってはじめて、サービス提供のコストを税金等の財源で賄えているかということがわかります。この収支の黒字（余剰）・赤字（欠損）が、世代間負担の衡平性の評価に関する指標として活用できます。

② 公会計の情報価値と財政政策との連携

　財務情報の財政政策への活用については、財政と会計とは目的が異なり、測定方法も異なるということから、それぞれの情報の関係を繋げることは困難な点が少なくありません。しかしながら、公会計の情報価値として、発生主義会計による資産・負債・純資産の情報は、地方自治体全体の財政状況を包括的に理解することに役立ちます。また、収支余剰（欠損）は、世代間負担の衡平性の指標として役立ちます。このような特徴を活かして、財政と会計の関係を繋げることが有用であると考えます。

　公会計における純資産は、その評価が難しいですが、負債のみならず資産も勘案し、財政状況を把握することができますので、財政健全化を進めるに当たって住民の理解を深める上で情報として有用です。

4．公会計情報と財政健全化比率との連携

　健全化判断比率における将来負担比率[1]について、分子の将来負担額には、地方債や退職給付引当金の会計上の負債を含みますが、それ以外にも、債務負担行為による支出予定額や一部事務組合等が起こした地方債の返済に係る負担金など会計上の負債に該当しないものも含んでいます。また、将来負担額から、充当可能基金額、特定財源見込額及び地方債現在高等に係る基準財政需要額算入見込額が控除されます。

　将来負担比率の分母は標準財政需要額であり、実際の収入・支出額とは異なっています。比率数値が法定基準値未満の場合、数値は「－」表示されます。仮に、住民に数値が公表されるとしても、住民が財政状況の良さの程度を理解することは難しいといえます。

　また、臨時財政対策債についての取扱いについては、注意が必要です。臨時財政対策債は、地方財政収支の不足額を補填するため、各地方公共団体が特例として発行してきた地方債です。その元利償還金相当額については、全額を後年度地方交付税の基準財政需要額に算入することとされ、各地方公共団体の財政運営に支障が生ずることのないよう措置されています。そのため、財政健全化指標の中で、将来負担比率の算定において、「地方債現在高に係る基準財政需要額算定見込額」として、分子の将来負担額から除外されるという措置がされています。

　しかしながら、公会計上は、臨時財政対策債は、現在の債務であり、将来償還の義務がありますので、会計上の負債に該当します。将来、償還財源として地方交付税が見込まれるとしても、それは将来の収入であり、会計上の資産（未収入金）には該当しません。将来の税収や地方交付税は、たとえ実現の確実性が高いとしても、資産には計上しません。

　世田谷区の平成30年の健全化判断比率は図表1の通りです。

図表1　平成30年度世田谷区財政健全化判断比率

（単位：％）

実質赤字比率	連結実質赤字比率	実質公債費比率	将来負担比率
－	－	－3.8	－

（注：実質赤字比率は、実質収支がプラス（77億円）であるため、－3.87％。連結実質赤字比率は、連結実質収支がプラス（105億円）であるため、－5.34％。実質公債費比率は、元利償還金を元利償還に係る基準財政需要算入額が上回るため、－3.8％。将来負担比率は、充当財源が将来負担を上回っているため、－67.9％。）

注（1）将来負担比率については下記の計算式により算出します。

$$将来負担比率＝\frac{将来負担額－\left(充当可能基金額＋特定財源見込額＋\begin{array}{l}地方債現在高等に係る基準\\財政需要額算入見込額\end{array}\right)}{標準財政規模－（元利償還金等に係る基準財政需要額算入額）}$$

（出典：総務省「健全化判断比率の算定」）

公会計では、資産と負債、その差額としての純資産を把握しますので、地方自治体の財政状態を包括的に把握することができます。資産には、現預金の他に、行政サービスに利用されている有形固定資産や、将来の投資や財政需要に備えた基金等の投資が、どのくらいあるのかがわかります。負債には、地方債（臨時財政対策債を含む）の他に、退職手当引当金のような将来の支出見込額が含まれます。

　資産と負債の差額である純資産は、その金額そのものよりも、経年変化を見ることで、財政状況が良くなっているのか、悪くなっているか、負担の先送りがないのかどうかを把握することができます。

　健全化判断比率と公会計の関係を示すと、図表2のようになります。将来負担比率は負債に焦点をあてていますが、公会計は資産と負債の財政状態全体を対象としています。

　公会計は自治体の財政状態をより包括的に表すことができますので、住民にとって、自治体経営の良し悪しを判断するための情報として、有用であるといえます。

図表2　健全化判断比率と公会計の関係

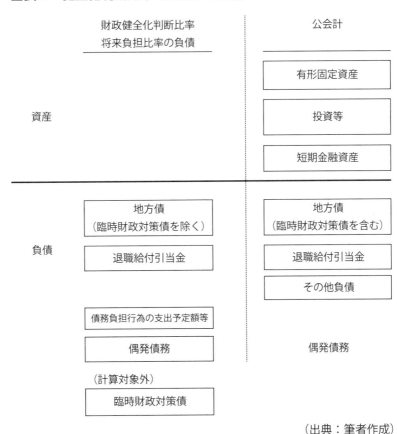

（出典：筆者作成）

5．財務書類と中期財政見通しとの関係

　わが国は、人口減少と少子高齢化が進んでおり、財政の長期的な持続可能性について、説明責任を果たすことが求められています。地方自治体においては、中期財政見通しを作成・公表しているところがあります。中期財政見通しは、現在の歳入歳出決算書に基づき、将来の人口構成の変化を予測して、税収の見通し、インフラ資産等の更新需要、社会保障費の増加見込等を試算して、作成しているところが多いです。

　このような財政の中期財政見通しに対して、公会計の情報はどのような役に立つのでしょうか。

　公会計の情報は、基本的に過去の情報です。貸借対照表の資産には、過去に投資されたもので、将来のサービス提供に活用できるものが計上されています。負債には、過去の活動から生じる将来の支出（地方債、引当金）が計上されています。

　将来のインフラ資産・事業用資産の更新投資や、少子高齢化による社会保障費の増加は、財政上の需要であっても、会計上の負債には該当しません（「将来に発生する将来負債」に該当します）。そのような将来の支出を賄うべき財源（税収等）は、その確実性は高いとしても、会計上の資産（未収入金）には該当しません（「将来収益」に該当します）。

　このような行政の活動を貸借対照表の視点から整理すると、図表3のようになります。

図表3　行政活動の過去と将来のストックとフロー（貸借対照表アプローチ）

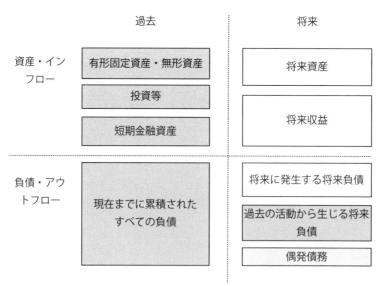

（注）公会計は、色付けされた部分が該当します。

（出典：イギリス Office for Budget Responsibility, 2018, 18頁～23頁を参考に筆者作成）

　行政活動を過去と将来のストックとフローという情報でみると、公会計は色付けした部

分（過去の資産及び負債、過去の活動から生じる将来の負債）に該当します。「将来収益」や「将来に発生する将来負債」は、会計上の資産や負債には該当しませんが、中期財政見通しの対象に該当します。公会計の情報をもとにしながら、中期財政見通しを関連付けて、議会・住民への説明責任を果たすことは、住民の財政状況の理解を深めることに有用であると考えます。

6．世田谷区の事例

　次に、中期財政見通しの事例として、世田谷区を取り上げます。世田谷区では、「世田谷区の財政状況」という年次財務報告書を作成・公表していますが、その中で、財政の中期見通しの記載がありますので、紹介します。

＜公共施設の維持更新＞

　財政の長期持続可能性について、社会保障関連経費の増加と公共施設の維持更新という2つの大きな財政的な負担があるが、今回（平成28年度）は、公共施設の維持更新に焦点を当てて検討してみたい。「世田谷区公共施設等総合計画」が平成29年3月に公表されており、これを財政的な視点で見てみよう。同計画によれば、今後30年間で施設の老朽化が進み、現状のペースで改築・改修を行った場合に必要となる想定経費を積み上げた場合、公共施設の維持更新の年平均額は629億円となり、これまでの予算額（年平均520億円）を約100億円超過する。その結果、今後30年間で年平均89億円の財源不足に陥り、基金残高が大幅に減少し、地方債の残高は2,000億円以上に増加し、その返済に充てる財源を生み出すためには、福祉等の行政サービスを抑制することになりかねないとしている。（図表4「将来の歳入・歳出予算の見込み（今後30年間）、図表5「特別区債残高・償還額・基金残高推移見込み」参照）

図表4　将来の歳入・歳出予算の見込み（今後30年間）

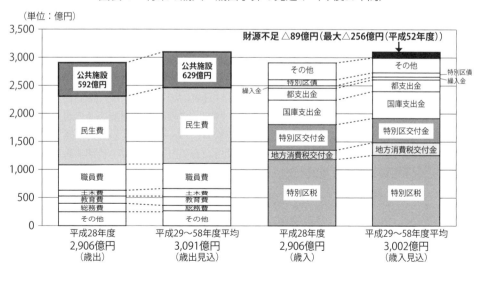

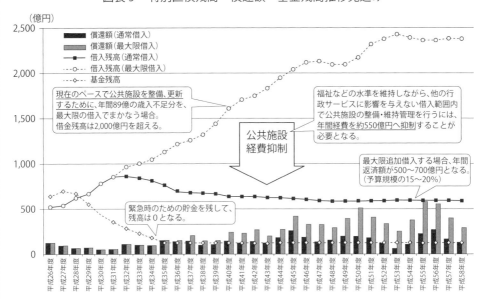

図表5　特別区債残高・償還額・基金残高推移見込み

　同計画では、健全な財政を確保していくため、施設の長寿命化や複合化、維持管理費の抑制などを行い、公共施設に投資する総額を年間550億円程度とする財政目標を掲げており、目標の達成に向けては、今後もより実効性の高い財政運営が必要となってくる。

　それに対応すべく、区では、実効性の高い財政運営を目指して、「中期財政見通し（平成29年度～33年度）」を公表している。平成29年度～33年度は、経常的な収支は黒字を維持しながら、梅ヶ丘拠点整備や玉川総合支所改築、本庁舎整備など多額の投資が予定されており、その投資の財源としては、特別区債の発行による収入や、基金からの繰入、国庫支出金等及び一般財源等を計画している。この見通しでは、平成33年度には、特別区債残高は918億円に増加し、基金残高は496億円に減少する。

　それでも、平成33年度の地方債の償還可能年数（地方債残高÷経常収支差額）の見込みは8.6年（平成28年度5.2年）であり、民間企業への銀行融資の一つの目安である債務償還年数10年以内を下回っており、債務償還能力は十分にあるといえる。

　しかしながら、今後老朽化した施設の更新需要が増大する中、財政の持続可能性を維持していくためには、歳出抑制を維持しながら、財政基盤を一層強固なものにしていくことが不可欠であり、財務分析等を活用した、より効率的・効果的な施設の維持更新が求められる。行政活動収支（行政活動収支と投資収支の差額）は、投資の増加により中短期的に赤字になったとしても、長期的には黒字にする必要があり、特別区債の残高の増加を返済可能な水準で止めて、サービス水準を大幅に低下させずに、債務の返済を可能にすることが重要である。長期的な視点から、借入金を返済可能な水準に維持することで、財政の長期持続可能性が担保されると健全性は維持されているということができる。
（図表6「中期財政見通しに基づく試算　有形固定資産取得による支出の財源内訳」、図表7「基金と特別区債の年度末残高見込み（一般会計）参照）。

図表6　中期財政見通しに基づく試算　有形固定資産取得による支出の財源内訳

（億円）

凡例:
- 経常収支から充当する一般財源
- 地方債の起債による収入
- 基金からの繰入による収入
- 国庫支出金等
- ▲ 経常収支差額

	28年度 274億円	29年度 333億円	30年度 331億円	31年度 339億円	32年度 371億円	33年度 312億円
経常収支から充当する一般財源	33	141	39	30	90	92
地方債の起債による収入	124	94	110	157	129	100
基金からの繰入による収入	2	99	87	72	71	42
国庫支出金等	115	98	95	82	80	57
経常収支差額	102		122	100	148	107

※中期財政見通しの投資的経費のうち、区の資産形成に資する事業の財政内訳を記載。

図表7　基金と特別区債の年度末残高見込み（一般会計）（P12〜P14、P61参照）

（億円）

	27年度	28年度	29年度	30年度	31年度	32年度	33年度
基本残高	739	786	738	661	599	538	496
特別区債残高	466	529	616	663	790	875	918

※29年度は1次補正後予算を反映した残高見込み、30年度以降は中期財政見通しを反映した残高見込み。

（出典：「世田谷区の財政状況　平成28年度」89頁〜91頁）

　この中期財政見通しは、官庁会計の歳入・歳出決算書をベースに将来の収入・支出を試算して作成されていますが、公会計では、公共施設の更新は「将来資産」になり、地方債の発行は「将来に発生する将来負債」になります。引用文の図表5、6、7のように、地方債と基金の残高見通しや、有形固定資産の取得とその財源（地方債、基金、経常収支差額）を示すことは、財政の持続可能性を評価するために、有用なものであると考えます。

＜社会保障関係費＞

　財政の長期持続可能性について、社会保障関係費の増加と公共施設の維持更新という２つの大きな財政的な負担がある。今年度（平成29年度）は、社会保障関係費に焦点を当てて、財政的な視点で見てみよう。

　まず、社会保障関係費の範囲について、一般的には、医療・介護・福祉といわれているが、区では、「社会保険関連」（国民健康保険事業会計、後期高齢者医療会計、介護保険事業会計への一般会計からの繰出金（注１））、「生活保護扶助事業」、「児童福祉事業」、「高齢者福祉事業」、「障害者福祉事業」の５つの分野で構成している。

　一般会計におけるそれぞれの行政コスト計算書及びキャッシュ・フロー計算書の主な支出科目名と構成比は、図表４「項目ごとの性質別構成比」のようになっている。扶助費には、主に障害者福祉事業、児童福祉事業、生活保護扶助事業が含まれており、その他（物件費等）には、主に高齢者福祉事業が含まれ、他会計への繰出金には、社会保険関連が含まれていることがわかる。

（注１）社会保険に係る会計として、国民健康保険事業会計、後期高齢者医療会計、介護保険事業会計があるが、保険給付の財源として、被保険者の保険料、国・都の交付金、区の一般会計からの繰出金があり、ここでは区の負担分を示している。

図表４　「項目ごとの性質別構成比」

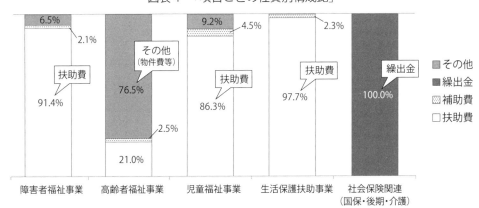

　次に、社会保障関係費の推移について、平成26年度から29年度の実績を見てみよう。平成26年度の1,001億円から平成29年度の1,182億円へと181億円（18％）増加している。分野別では、保育待機児対策等の施策により、児童福祉事業の伸びが大きく、345億円から487億円へと142億円（41.2％）増加している。他方、財源としての区税等の収入は2,626億円から2,899億円へと273億円（10.4％）増加している。増加分の大部分が社会保障関係費に充てられているといえる。

　社会保障関係費の今後５年間の見通しについて、「世田谷区中期財政見通し（平成30年度〜34年度）（平成30年8月時点）」によれば、平成29年度の1,182億円から平成34年度には1,398億円と216億円（18.3％）増加するとしている。分野別では、社会保険関連が46億円増加、児童福祉事業が119億円増加、障害者福祉事業が51億円増加する見込みである。他方、財源としての区税等の収入は、平成29年度の2,899億円から平成34年度の2,923億円へと24億円（0.8％）増加するとみている（図表５「社会保障関係費等の推移（一般会計）」参照）。

　このことは、収入の増加分に比べて、社会保障関係費の支出の伸びが大きいことを意味している。このため、他の支出を抑制することにより、財政の持続可能性を維持することを目指しているといえる。

今年度は、簡便的な分析ではあるが、社会保障関係費に焦点を当てて、財政の持続可能性を評価してみたものである。前年度の社会資本（区の保有する施設・インフラ資産）の更新需要への対応と併せてみると、財政の持続可能性の評価をより詳細にみることができるのではないだろうか。

　財務情報の活用として、中期財政見通しが財務情報にどのように反映されるかを分析することにより、財政の長期持続可能性を多角的に評価することができると考える。

図表5　「社会保障関係費等の推移（一般会計）」

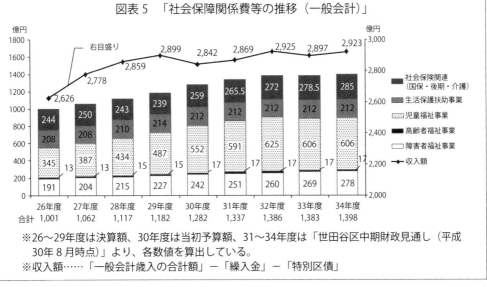

　※26〜29年度は決算額、30年度は当初予算額、31〜34年度は「世田谷区中期財政見通し（平成30年8月時点）」より、各数値を算出している。
　※収入額……「一般会計歳入の合計額」－「繰入金」－「特別区債」

（出典：「世田谷区の財政状況　平成29年度」94頁〜95頁）

　社会保障費は、人生における病気や老後などのリスクに備える政策ですが、会計上の科目は、扶助費、物件費、繰出金と多岐にわたっています。公会計上、社会報償費は「将来に発生する将来負債」になり、税収等は「将来収益」になります。将来収益で将来負債を賄うことができるかどうかを試算することは、財政の持続可能性を評価する重要な情報になると考えます。

　以上、世田谷区の事例を紹介しました。人口減少と少子高齢化を本格的に迎えるにあたり、中長期的な財政需要として、社会保障関係費の増加と社会資本（公共施設・インフラ資産）の更新需要へどのように対応するかは、どの自治体にとっても重要な課題です。住民の誰もが安心して生活できるような社会を実現するために、財政の持続可能性をどのように維持していくのか、公会計情報を活用して、より透明性の高い政策の議論が進むことを期待したいと思います。

演習問題

1　貴自治体において、中期（長期）財政見通し、資産更新計画、社会保障費見通しなど、将来の財政持続可能性を評価することができる資料があれば、入手して内容を検討してください。

2　現在作成している財務書類をもとにして、将来の負債と将来の収入という考え方を利用して、上記1で入手した資料（財政持続可能性の評価）と関連付けて検討してみてください。

3　貴自治体の中期見通しがそのまま実現すると（通常は厳しめに予測していることが多い）、将来の財政状態と財務業績はどのようになりますか。

4 分析コメント

〈参考文献〉
・世田谷区（2016）「世田谷区の財政状況　平成28年度」
・世田谷区（2017）「世田谷区の財政状況　平成29年度」

第2部　財務会計編

　第2部は、財務会計編としています。本書は、第1部が財務分析編、第3部が複式簿記編となっており、第2部は、財務会計の理論的な説明を行うという位置付けです。財務書類の理論的な背景を知ることで、その活用を考えるうえでの参考にしていただければと思います。

　第1章では、公会計の基本的な考え方について、公会計制度改革の意義、わが国における公会計の位置付け、統一的な基準の概要などを説明します。

　第2章では、財務書類（財務4表）の成り立ちや財務4表の連繋について、設例を通して説明します。

　第3章では、公会計の主要な科目について、その考え方や実務上のポイントを説明します。

　第4章では、公会計の決算業務について、その概要と実務上のポイントを説明します。決算事務の演習問題をつけています。

　第5章では、連結財務書類について、作成目的、範囲、作成方法、分析を説明します。連結の演習問題もつけています。

■ 第1章　公会計の基本的な考え方

　第1章では、公会計の基本的な考え方について説明します。まずは、公会計制度改革の現状と背景・目的を説明します。わが国は、予算・決算が現金主義会計であり、発生主義会計に基づく財務書類は、決算参考資料として位置付けされています。他方、海外では、予算も財務書類も発生主義会計に移行している国（イギリス等）もあります。また、予算は修正発生主義（現金収支と未収・未払を認識する）でも、財務書類は発生主義会計を採用して、2つの決算書を正式な財務報告としている国（アメリカ等）もあります。

　それから、総務省「統一的な基準」の概要を説明します。統一的な基準では、固定資産台帳の整備、複式簿記の導入、統一的な会計基準の設定、財務書類の活用を目指すことになりました。

1．公会計制度改革の現状と背景・目的

（1）公会計制度改革の現状

　わが国の公会計制度改革の状況を概観してみます。

　国（中央政府）においては、平成18年度に「省庁別財務書類（平成16年度）」を作成・公表し、平成23年度に一般会計及び特別会計を合算した「国の財務書類（平成21年度）」を作成・公表しています。特別会計の財務書類は法定化されており、会計検査院の監査を受けています。一般会計の財務諸表は法定化されていませんが、財務省が自主的に作成をしています。

　国の財務書類の作成方法は、現金収支に関しては一部複式簿記を導入していますが、固定資産のうち、国有財産と物品については、国有財産台帳と物品台帳の金額を貸借対照表価額とするという残高法により作成しています。公共用財産（道路、橋梁等）は、決算数値の累積額をもとに減価償却するという方法によっています。

　他方、地方自治体においては、総務省が、平成26年4月に『今後の新地方公会計の推進に関する研究会報告書』を公表して、統一的な会計基準の設定、複式簿記の導入、固定資産台帳の整備を進めることとなりました。平成27年1月には、『統一的な基準による地方公会計マニュアル』が公表されて、地方自治体は平成29年度までに、統一的な基準による財務書類の作成を要請されたところです。

　なお、東京都は、国や総務省に先行する形で、官庁会計を保持しつつ、平成18年度より複式簿記・発生主義会計を導入しています。その後、大阪府、愛知県、町田市、江戸川区等が複式簿記を導入して、財務諸表を公表しています。

　総務省によれば、平成30年度決算に係る財務書類の作成状況は、全自治体1,788のうち、作成済1,438（80.4％）、作成中317（17.7％）であり、98％の自治体が作成済・作成中で

す（図表1参照）。

図表1　平成30年度決算に係る一般会計等財務書類の作成状況

作成状況	都道府県	市区町村	合計
作成済	42 （89.4%）	1,396 （80.2%）	1,438 （80.4%）
作成中	5 （10.6%）	312 （17.9%）	317 （17.7%）
未着手	0	33 （1.9%）	33 （1.8%）
合計	47 （100.0%）	1,741 （100.0%）	1,788 （100.0%）

（出典：総務省（2020）「統一的な基準による財務書類の作成状況等に関する調査（令和2年3月31日時点）」）

　財務書類の活用状況について、総務省によれば、要約した財務書類を作成し住民に説明した、あるいは、各種指標の分析を行ったという自治体は多いですが、議会への説明、公共施設管理計画への活用、施設別・事業別行政コスト計算書の作成等は、まだ取組が少ない状況といえます。今後とも、財務書類の活用が課題といえます（図表2参照）。

図表2　令和元年度中の財務書類の活用状況

区分	都道府県	市区町村	合計
財務書類の情報を基に、各種指標の分析をした	20 （42.6%）	912 （52.4%）	932 （52.1%）
施設別・事業別の行政コスト計算書等の財務書類を作成した	4 （8.5%）	90 （5.2%）	94 （5.3%）
公共施設等総合管理計画または個別施設計画の策定や改訂に活用した	3 （6.4%）	161 （9.2%）	164 （9.2%）
決算審査の補足資料とするなど、議会における説明資料として活用した	9 （19.1%）	218 （12.5%）	227 （12.7%）
簡易に要約した財務書類を作成するなどし、住民にわかりやすく財政状況を説明した	38 （80.9%）	440 （25.3%）	478 （26.7%）

（出典：総務省（2020）「統一的な基準による財務書類の作成状況等に関する調査（令和2年3月31日時点）」）

（2）公会計制度改革の背景・目的

　公会計制度改革の背景には、パブリック・アカウンタビリティ（公的説明責任）の進展があります。パブリック・アカウンタビリティという思考のもとでは、政府・地方自治体は、納税者からの税金で公的サービスを提供しており、他方、住民は、サービスの受益者

であり、資源（税金）の提供者であり、住民の代表者（議員）を選ぶ権利を有しています。したがって、政府・地方自治体は、住民の意思決定に有用な情報を提供するという公的説明責任があります。住民は、財政の現金収支の報告だけでなく、財政運営の良し悪しや財政運営の持続可能性を評価し、効率的で効果的な行政サービスの提供がされているかを評価できる情報を求めています。

　政府・地方自治体は、これまでのような予算の執行状況を報告する（官庁会計の予算・決算）だけでは十分ではなく、財政状況及び財務業績を報告することにより、財政の運営状況を報告するとともに、サービス提供の努力（コスト）と成果を報告することが求められています。

　現状の官庁会計では、決算は、予算の執行状況の報告であり、収入・支出の結果を一覧することができる半面、収入・支出という現金収支だけを管理しており、全ての経済的な資源（有形固定資産、投資など）を十分には管理しているとはいえませんでした。そのため、

　① ストック情報の欠如（資産・負債を一覧できない）

　② コスト情報の欠如（行政サービスのコストがいくらかわからない）

という限界があり、その結果、

　③ 住民への説明責任を十分に果たすことができない

　④ 行政のマネジメント（意思決定）に有用な情報が提供できない

という課題がありました。

　これらの4つの課題を解決するために、発生主義会計が採用されました。

　発生主義会計は、経済実体をフロー情報とストック情報で表現するものです。フロー情報とは、動画のようなものであり、行政コスト計算書、純資産変動計算書が、サービス提供のコストとその財源（受益と負担）を表します。資金収支計算書（企業会計ではキャッシュ・フロー計算書といいます）では、官庁会計と同じ現金収支の情報ですが、官庁会計との相違点として、資金の流れ（キャッシュ・フロー）を3区分（業務活動、投資活動、財務活動）で表すことにより、資金の使途と調達の関係をわかりやすく説明することができます。また、資金収支計算書は、官庁会計とのつながりや財務諸表全体の理解を補完することができます。

　ストック情報とは、写真のようなものであり、貸借対照表が、期末時点の資源の運用（資産）と調達（負債・純資産）の全体を表します。

　このように新たな公会計制度は、官庁会計では不足しているストック情報とコスト情報を提供することにより、行政のマネジメント改革を支援し、住民へのアカウンタビリティを向上することができるものといえます。

２．総務省の統一的な基準の概要

（１）新地方公会計制度の背景・目的

　総務省が、平成26年４月に公表した『今後の新地方公会計の推進に関する研究会報告書』では、次のような問題点を指摘して、新しい公会計制度を提言しています。

① 発生主義・複式簿記の導入が進んでいない

　総務省は、平成18年に改訂モデルと基準モデルという２つの会計モデルを提示しましたが、基本的な考え方や作成方法が異なっていたこともあり、本格的な発生主義・複式簿記の導入が進んでいませんでした。改訂モデルでは、決算統計を基礎的なデータとして使用して、その組替えで財務書類を作成するものでした。他方、基準モデルでは、官庁会計の取引を基礎的なデータとして使用していますが、企業会計のような複式簿記ではなく、期末一括変換方式で作成するものであり、また、財源仕訳という企業会計にはない独自の方法があり、財務諸表の活用と理解可能性に問題がありました。その結果、本格的な発生主義・複式簿記の導入が進んでいないという問題がありました。

② 固定資産台帳の整備が進んでいない

　改訂モデルでは、固定資産は、簡便的に決算統計の数値で計算するため、固定資産台帳の整備が進みませんでした。他方、基準モデルでは、固定資産台帳の整備を前提としていましたが、現状の財産台帳との連携や、インフラ資産（道路、橋梁等）の管理が課題でした。また、有形固定資産を時価評価するという考え方があり、企業会計との乖離がありました。

③ 複数の会計基準が並存している

　総務省には基準モデルと改訂モデルが並存しており、また、東京都が日々仕訳による複式簿記を導入し、国際公会計基準を参考にした会計基準を設定しており、わが国に複数の会計基準が並存していました。そのため、比較可能性や理解可能性に問題がありました。

④ 財務書類を作成したが、活用が進んでいない

　改訂モデル及び基準モデルにおいて、作成することが目的となり、財務情報に基づく財政運営や事業評価、予算編成への活用が十分に行われていませんでした。

（２）統一的な基準の概要

　総務省では、上記の課題を解決するために、次のような公会計制度の整備と統一的な基準が提示されました。

① 固定資産台帳の整備

　現状の公有財産台帳は、固定資産の物量情報（面積等）の管理が中心であり、価格情報の記載がまちまちでした。そこで、固定資産台帳を作成して、取得価額の情報を記載することとしました。そして、固定資産台帳と公有財産台帳等を統合・連携して、財務書類作成の補助簿とすることとしました。固定資産台帳の取得価額の情報は、将来の公共施設等

のマネジメントに活用することができるものです。

② 複式簿記の導入

正規の複式簿記は、帳簿体系の基礎であり、取引の検証機能（取引の記帳者以外の他の者が取引の適正性を確認できる）があります。また、固定資産残高の実在性の検証、事業別のフルコスト情報の作成にも有用です。したがって、原則としては、日々仕訳が望ましいですが、システム費用や小規模団体への配慮もあり、期末一括変換方式も認容することになりました。複式簿記のシステムを導入していない団体に対しては、総務省が一括変換のソフトウェアを提供することになりました。

③ 統一的な会計基準の設定

統一的な会計基準が必要であり、従来の改訂モデルや基準モデルをベースとして、東京都方式や国際公会計基準などを参考にしながら、新しい会計基準を設定しました。その特徴としては、固定資産の評価基準は取得原価とすること（時価評価はしない）と、財源仕訳はしないこと（通常の複式簿記の仕訳をする）という2つの点があります。

開始貸借対照表の資産評価では、原則的に取得原価としました。しかしながら、自治体が保有する道路資産の土地については、地方債の償還期間（30年）が経過したもの（昭和59年以前のもの）や、取得価額が不明なものは1円で評価するという簡便な方法を採用しました。

地方自治体にとって、道路資産は大きな比重を占めるものですが、これまで価格情報を把握してこなかったことから、その評価方法については、種々の意見がありました。その中で、土地の基準地価等を参考にして取得価額を推計する方法も検討されましたが、地域によっては取得価額情報が不足している状況を配慮して、1円評価を採用したものでした。その結果、道路資産の評価は、自治体によりまちまちとなり、比較可能性を欠くことになってしまいました。

④ 今後の課題

現在では、統一的な基準のマニュアル作成と、期末一括仕訳システムの整備（総務省によるソフトウェアの提供）がなされており、現在は、ほとんどすべての自治体が、統一的な基準に基づく財務書類をホームページで公表しており、総務省のホームページでは各団体へのリンク先が公表されています。

なお、東京都方式等の独自方式で作成している団体に対しては、統一的な基準の財務書類とは別に、独自基準に基づき作成して、創意工夫でわかりやすい情報の提供を行うことを認めており、財務報告書や財政白書等が公表されています。東京都等では、統一的な基準に基づく財務書類もホームページで公表されています。

今後は、財務情報の活用の充実、人材育成が課題といえます。

（3）統一的な基準に基づく地方公会計の段階的な整備と活用

統一的な基準に基づく地方公会計の活用は、次のような段階を踏んで進展していくことが期待されます。

① 小規模自治体でも作成可能な財務書類の公表

総務省提供のソフトウェアを利用して、期末一括変換方式による財務書類の作成を行い、財産台帳（現物管理）と固定資産台帳（会計）の照合を行います。

発生主義会計によって見える財政状況（資産・負債の状況、コストと税収等の関係等）を住民にわかりやすく説明できます。

② 複式簿記の活用による財務マネジメントの改善

複式簿記（日々仕訳）の利用や、固定資産台帳と財産台帳の統合・連携により、内部統制が強化されます。

財務情報の信頼性が高まり、財務上の特徴を住民へ説明できます。

③ 事業別フルコスト情報の活用による事業評価や予算編成への活用

事業別フルコスト情報の作成により、事業評価や予算編成への活用ができます。事業の成果と比較すべき情報は、フルコスト情報です。予算の事業費だけでなく、人件費や減価償却費などを含めたフルコスト情報と、事業の成果というアウトプットやアウトカムと比較することにより、よりアウトプットや成果への関心が高まります。

事業別フルコストの他団体比較により、効率化や効果向上への気づきが期待できます。そのような取組結果を住民に説明することで説明責任を果たすことができます。

＜コラム＞　海外諸国の公会計制度の状況

海外の諸国（中央政府・地方政府）を見ると、多くの国で発生主義会計が導入されています。国際会計士連盟（International Federation of Accountants：IFAC）の調査報告（2019）によれば、2018年現在、37ヶ国（調査対象国の25%）の政府が発生主義会計を導入しており、67ヶ国（同45%）の政府は発生主義会計に移行する計画です。現金主義の財務報告の政府は46ヶ国（同30%）です。

国際会計士連盟によると、発生主義会計を採用する政府の数は、2018年から今後5年間で2倍以上になると予想されており、2023年末までに98の政府（同65%）が発生主義会計に基づいて報告すると予測されています。このうち、74ヶ国は、3つの方法のいずれかで国際公会計基準（International Public Sector Accounting Standards: IPSAS）を利用すると予測されています。
　① 31ヶ国の政府が直接IPSASを採用する
　② 14ヶ国の政府が間接的にIPSASを採用する
　③ 29ヶ国の政府がIPSASを基準参考として使用する
この報告書において、日本は、現在のところ、独自の会計基準に基づく発生主義会計を採用しているとされていますが、2023年にはIPSASを利用する国になると予測されています。
（出典：International Federation of Accountants（IFAC）（2019）International Public Sector

＜コラム＞　予算制度と財務報告の関係

　国際会計士連盟の公会計委員会（Public Sector Committee）によれば、予算制度と財務報告の関係は、次の3つに分類できます。

① 予算と財務報告ともに発生主義会計に移行している統合的なシステムを採用している政府

② 予算は現金主義会計で財務報告が発生主義会計というデュアルシステム（二元的システム）を採用している政府

③ 予算と財務報告ともに現金主義会計の政府

　①の統合システムを採用している政府は、英国、オーストラリア、ニュージーランドの政府です。英国等の場合、議会と行政をひとつの経営体とみて、政府全体を統合的に経営するという思想があるといえます。

　②のデュアルシステムを採用している政府は、米国の連邦政府および州・地方政府や、欧州の諸国です。この場合、財務報告は発生主義会計（全ての経済資源を認識する）に移行していますが、予算は修正発生主義（現金収支をベースにして未収・未払などの財務資源だけを認識する）のモデルといえます。財務会計システムとしては、予算コントロールのために修正発生主義会計を採用し、財務諸表の作成のために発生主義会計を採用することになります。

　米国の州・地方政府では、ファンド会計（基金会計）と発生主義会計の2つの財務情報を提供し、その調整表を作成することで、2つの財務情報の関係性を説明しています。それぞれの財務情報には、財政的な説明責任と事業経営上の説明責任という2つの目的があります。それをどのように利用するかは、利用者の判断に任せるという賢明な方法ともいえます。

　欧州の中央政府・地方政府は、デュアルシステムを採用しているところが多いです。その有用性は現在も検証中であるといえます。

　③の予算も財務報告も現金主義会計を採用している政府は、わが国の政府・地方自治体です。わが国の場合は、官庁会計の決算補足情報として発生主義会計の財務諸表を作成しています。

　予算制度と財務報告の関係については、議会の役割や、議会と行政府との関係、行政府の説明責任の考え方など様々な要因があります。国際的に見ても、公会計制度改革は、発生主義会計に基づく財務報告とともに、その財務情報をどのように行財政改革に活用するかが課題になっているといえます（図表3参照）。

図表 3　予算制度と財務報告の組み合わせ

		予算のベース		
		現金主義	修正（現金／発生）主義	発生主義
財務報告のベース	現金主義	＊		
	修正（現金／発生）主義		＊ （日本）	
	発生主義		＊ （米国）	＊ （英国、豪州、ニュージーランド）

（出典：International Federation of Accountants, Public Sector Committee（2004），Research Report: Budget Reporting, p. 13 を参考に筆者作成）

＜参考文献＞
・総務省（2014）『今後の新地方公会計の推進に関する研究会報告書（平成26年 4 月）』
・総務省（2020）「統一的な基準による財務書類の作成状況等に関する調査（令和 2 年 3 月31日時点）」
・International Federation of Accountants, Public Sector Committee（2004），Research Report: Budget Reporting,
・International Federation of Accountants（2019）International Public Sector Financial Accountability Index, 2018 Status Report

■ 第2章　公会計における財務書類

　第2章では、財務書類（以下、財務4表ともいいます）の基本的な成り立ちを説明します。説例を通して、実際に科目と数値を入れて、財務4表を作ってみます。そして、財務4表の連携を学びます。

1．統一的な基準による財務書類をつくってみよう

　すでに第1部で解説が終わっていますが、平成27年1月に総務省から公表された「統一的な基準」による財務書類が公表され始めました。

　本章では、この基準に基づいて、財務4表作成の手順について解説します。手順に従って、財務書類を自分でも記入してみてください。なお、本章では、期末一括変換方式を前提に説明を進めます。

2．財務4表の成り立ち

　統一的な基準においては、次の4つの財務表の作成が求められています。

　① 貸借対照表

　② 行政コスト計算書

　③ 純資産変動計算書

　④ 資金収支計算書

（1）貸借対照表

　貸借対照表は、企業会計のそれと同じように、地方自治体の財政状態を表示する報告書類です。貸借対照表には、借方に資産、貸方に負債と純資産を掲記します（図表1参照）。

① 資産の部

　地方自治体における資産は、固定資産、流動資産に分類されます。

（イ）固定資産

　固定資産とは、住民サービスを提供するために地方自治体が保有する固定的な資産をいいますが、さらに細分され、有形固定資産、無形固定資産、投資その他の資産とに分類されます。有形固定資産はさらに細分され、事業資産、インフラ資産、物品に分けられます。事業資産には、庁舎、公営住宅、学校、市民利用施設、土地などが含まれます。インフラ資産には、道路、橋梁、河川、港湾、公園などが含まれます。

　無形固定資産に含まれるものとしては、ソフトウェア等があります。

　投資その他の資産には、投資及び出資金、長期延滞債権、長期貸付金、長期運用目的の基金などが含まれます。このうち、投資及び出資金は、公営企業・関連団体への出資金、有価証券等となります。また、長期延滞債権は、市税等の収入未済額のうち1年以上経過

したものをいいます。

（ロ）流動資産

　流動資産は、現金や銀行預金などの流動性の高い資産の総称であり、現金預金のほか、未収金、短期貸付金等が含まれます。この場合の未収金とは、市税等の収入未済額のうち1年以内に発生したものをいいます。

② 負債の部

　地方自治体における負債は、固定負債、流動負債に分類されます。

（イ）固定負債

　固定負債は、地方自治体が長期的に負う債務であり、いわば次世代の負担に帰する地方債や市職員の退職手当に備える退職手当引当金などをいいます。さらに具体的には、長期未払金、損失補償等引当金などがあります。長期未払金とは、契約などにより後年度の支払いが確定している、翌々年度以降の支払額などであり、損失補償等引当金とは、第三セクター等に対する損失補償等の負担見積額です。

（ロ）流動負債

　流動負債は、一年以内に償還される地方債や市職員の賞与に備える引当金などです。

　純資産は、資産と負債の差額です。

　なお、地方自治体が保有する資産は、固定資産等の固定性が高いものが多く、また、負債についても一年を超えて償還される地方債が多いため、一般に固定性が高いものから順次並べて表示される固定性配列法が採用されています。

図表1　貸借対照表

借方	貸方
固定資産	固定負債
有形固定資産	流動負債
無形固定資産	純資産
投資その他の資産	
流動資産	

＜設例1＞

　次の資料に基づいて、〇〇市の貸借対照表（一般会計）を作成してみよう。
（1）固定資産（庁舎、市民会館、公園、公営住宅、橋、道路等）　80,000百万円
（2）流動資産（現金預金1,100、未収金等）　6,000
（3）固定負債（地方債、退職給与引当金等）　20,000
（4）流動負債（翌年度償還予定地方債、賞与引当金等）　2,000
（5）純資産（正味財産）　64,000

貸借対照表
(XX 年 3 月31日)（単位：百万円）

資産		負債・純資産	
固定資産	80,000	固定負債	20,000
有形固定資産	80,000	流動負債	2,000
流動資産	6,000	純資産	64,000
うち現金預金	1,100		
資産合計	86,000	負債・純資産合計	86,000

（2）行政コスト計算書

　行政コスト計算書は、企業会計における損益計算書に相当する報告書類です。営利を目的としない公共団体である地方自治体では、利益を直接的に計算することはありません。しかしながら、地方自治体が提供する行政サービスには当然コストがかかり、住民はそれに対して税金や一定の使用料等を支払っています。

　地方自治体のサービス提供努力を測定するために、行政コスト計算書では、経常費用から経常収益を控除して、純経常行政コストを算定します（図表2参照）。

① 経常費用

　経常費用には、地方自治体がサービス提供のために費やした人件費、物件費、減価償却費などの諸費用が該当します。

② 経常収益

　経常収益には、直接的に地方自治体のサービスの利用者が負担する諸収益、すなわち、施設の使用料、住民票等の発行手数料等が該当します。

図表2　行政コスト計算書

借方	貸方
経常費用	経常収益
	純経常行政コスト

＜設例2＞

　次の資料に基づいて、○○市の行政コスト計算書を作成してみよう。

（1）人件費（職員の給与、議員報酬など）	2,000百万円
（2）退職給与引当金繰入	100
（3）物件費	4,000
（4）維持補修費	1,000
（5）減価償却費	500
（6）支払利息	100
（7）使用料・手数料	300
（8）分担金・負担金	200

行政コスト計算書
XX年4月1日〜XX年3月31日　　（単位：百万円）

経常費用		経常収益	
人件費	2,000	使用料・手数料	300
退職手当引当金繰入	100	分担金・負担金	200
物件費	4,000	純経常行政コスト	7,200
維持補修費	1,000		
減価償却費	500		
支払利息	100		
	7,700		7,700

（3）純資産変動計算書

　純資産変動計算書は、地方自治体が負担したコストのうち、直接的なサービス利用者の負担では賄いきれなかった部分を、国からの補助金や住民税などの税金で、どの程度賄いきれているかを示す財務書類です（図表3参照）。

　純資産変動計算書の差し引きがプラスならば、貸借対照表における純資産の増加、すなわち、将来世代に財産を残した（あるいは将来世代の負担を軽減した）ことを意味します。逆に、マイナスならば、貸借対照表における純資産の減少、すなわち、財産を食いつぶした（あるいは将来世代の負担を増やした）ことを意味します。

図表 3　純資産変動計算書

借方	貸方
純経常行政コスト	前年度末純資産残高
	財源
資産評価差額	税収
	国庫県等補助金
本年度末純資産残高	（本年度差額）

＜設例 3 ＞

　次の資料に基づいて、○○市の純資産変動計算書を作成してみよう。
（1）前年度末純資産残高　　　　　　　　63,600百万円
（2）純経常行政コスト　　　　　　　　　7,200
（3）財源（税収5,000、補助金2,700）　　7,700
（4）資産評価差額（評価損）　　　　　　100
（5）本年度末純資産残高　　　　　　　　64,000

純資産変動計算書
XX 年 4 月 1 日〜 XX 年 3 月31日　　（単位：百万円）

借方		貸方	
純経常行政コスト	7,200	前年度末純資産残高	63,600
		財源	7,700
		税収	5,000
資産評価差額	100	国庫県等補助金	2,700
本年度末純資産残高	64,000	（本年度差額）	500

（4）資金収支計算書

　資金収支計算書は、地方自治体における資金収支、すなわち、資金の流れをあらわす報告書類であり、収支の性質により、業務活動収支、投資活動収支、財務活動収支の3区分に分けられます。資金収支計算書は、地方自治体におけるどのような活動に資金が必要とされ、それをどのように賄ったのかがわかる内容となっています。（図表4参照）

図表 4　資金収支計算書

借方	貸方
業務活動収入	業務活動支出
投資活動収入	投資活動支出
財務活動収入	財務活動支出
前年度末資金残高	本年度末資金残高

<設例 4 >

　次の資料に基づいて、○○市の資金収支計算書を作成してみよう。
（1）前年度末資金残高	1,000百万円
（2）業務活動支出（人件費、物件費、支払利息など）	7,000
（3）業務活動収入（税収、経常補助金など）	7,400
（4）投資活動支出　（公共施設整備、基金積立など）	500
（5）投資活動収入　（建設補助金、基金取崩など）	300
（6）財務活動支出　（地方債償還）	200
（7）財務活動収入　（地方債発行）	100
（8）本年度末資金残高	1,100

資金収支計算書
XX 年 4 月 1 日～ XX 年 3 月31日　　（単位：百万円）

借方		貸方	
業務活動収入	7,400	業務活動支出	7,000
投資活動収入	300	投資活動支出	500
財務活動収入	100	財務活動支出	200
前年度末資金残高	1,000	本年度末資金残高	1,100

3．財務 4 表の連繋

　ある報告書類と別の報告書類には金額的な繋がりがあり、このような報告書類同士の繋がりを連繋とよびます。

　企業会計における貸借対照表と損益計算書は、当期純利益を媒介として連繋します。このような連繋関係を図表により示すと図表 5 のようになります。

図表5　企業会計における財務諸表の連携

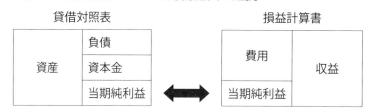

貸借対照表

資産	負債
	資本金
	当期純利益

損益計算書

| 費用 | 収益 |
| 当期純利益 | |

公会計における財務4表は、図表6に示すように、同様な連繋があります。

まず、行政コスト計算書と純資産変動計算書とは、純行政コストを媒介として連繋します。純資産変動計算書と貸借対照表とは、純資産（期末残高）を媒介として連繋します。貸借対照表と資金収支計算書とは現金（期末残高）を媒介として連繋します。

図表6　公会計における財務書類の連繋

【財務書類4表構成の相互関係】

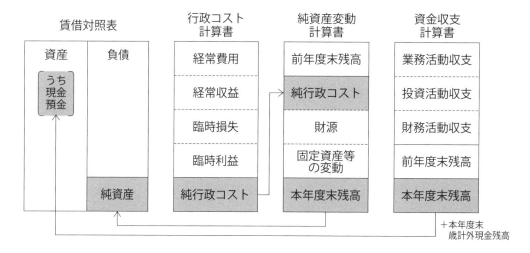

※1 貸借対照表の資産のうち「現金預金」の金額は、資金収支計算書の本年度末残高に本年度末
歳計外現金残高を足したものと対応します。
※2 貸借対照表の「純資産」の金額は、純資産変動計算書の本年度末残高と対応します。
※3 行政コスト計算書の「純行政コスト」の金額は、純資産変動計算書に記載されます。

（出典）総務省（2019）「統一的な基準マニュアル」11頁

<設例5>

　次の資料に基づいて、○○市の貸借対照表、行政コスト計算書、純資産変動計算書、資金収支計算書の関係を示しなさい。

貸借対照表

資産		負債・純資産	
固定資産	80,000	固定負債	20,000
有形固定資産	80,000	流動負債	2,000
流動資産	6,000	純資産	64,000
うち現金預金	1,100		
資産合計	86,000	負債・純資産合計	86,000

行政コスト計算書

経常費用		経常収益	
人件費	2,000	使用料・手数料	300
退職手当引当金繰入	100	分担金・負担金	200
物件費	4,000	純経常行政コスト	7,200
維持補修費	1,000		
減価償却費	500		
支払利息	100		
	7,700		7,700

純資産変動計算書

借方		貸方	
純経常行政コスト	7,200	前年度末純資産残高	63,600
		財源	7,700
		税収	5,000
資産評価差額	100	国庫県等補助金	2,700
本年度末純資産残高	64,000	(本年度差額)	500

資金収支計算書

借方		貸方	
業務活動収入	7,400	業務活動支出	7,000
投資活動収入	300	投資活動支出	500
財務活動収入	100	財務活動支出	200
前年度末資金残高	1,000	本年度末資金残高	1,100

　上記の図表のように、行政コスト計算書の純行政コスト7,200は、純資産変動計算書の純行政コスト7,200へ繋がります。純資産変動計算書の本年度末純資産64,000は、貸借対照表の純資産残高64,000へ繋がります。資金収支計算書の本年度末資金残高1,100は貸借対照表の流動資産の中の現金預金残高へ繋がります。このように資金のフローは、貸借対照表の現金預金の増減を示します。収益と費用のフローは、行政コスト計算書を経由して純資産変動計算書へ繋がり、純資産の変動要因を示します。

第3章では、財務書類の主要な科目について説明します。貸借対照表、行政コスト計算書、純資産変動計算書、資金収支計算書について、主要な科目の意味と実務上のポイントを説明します。

I．貸借対照表

1．資産の意味

企業会計では、資産とは、「過去の取引または事業の結果として、報告主体が支配している経済的資源をいう」（企業会計基準委員会（2006）「討議資料　財務会計の概念フレームワーク」第3章4項）。

ここで、経済的資源とは、経済的便益（現金等）を生み出す潜在能力（可能性）を有するものをいうとされています。つまり、資産とは、将来、現金を生み出す可能性があるものという意味になります。

他方、公会計では、資産は、道路のように、将来の現金の流入はなくても、サービス提供能力を有しているものがあります。そこで、公会計における資産とは、経済的便益だけでなく、サービス提供能力を含む概念に拡張されています。

「資産とは、過去の事象の結果として主体が支配し、かつ、<u>将来の経済的便益又はサービス提供能力</u>が、主体に流入することが期待される資源である。」（国際公会計基準第1号7項、下線筆者）と定義されています。

地方自治体は、道路や河川等の売却できない財産を多く保有しています。道路等は、売却できないですが、住民へ便益を提供していますので、サービス提供能力のあるものとして、資産に計上することになります。

次に、勘定科目に沿って説明していきます。

2．現金預金（歳計現金、歳計外現金）

歳計現金は、実際の運用形態（預金等）に関わらず、官庁会計の形式収支を計上します。

歳計外現金は、貸借対照表や資金収支計算書（企業会計のキャッシュ・フロー計算書と同じものです）の対象外です。しかし、資金収支計算書の欄外に歳計外現金の残高及び増減を記載するために、把握する必要があります。

3．未収金（収入未済）、徴収不能引当金（不納欠損引当金）

収入未済は、税金等の調定後、現金の収入がされていないものをいいます。収入未済となっている金額が、実質的な徴収の可能性を反映していないこともあります。こうした徴

収不能となる可能性をあらかじめ見込んで、徴収不能引当金を計上します。

　徴収不能引当金は、不納欠損処理が適切に処理されていないと、実績率が低くなり、徴収不能引当金が低く設定されてしまう可能性があります。地方自治体によっては、債権管理条例を制定して、回収の向上と滞留債権の不納欠損処理を進めている団体もあります。

　長期間滞留しており回収可能性が低い収入未済については、固定資産に区分します。

4．基金（財政調整基金、減債基金、特定目的基金）

　財政調整基金は通常1年以内の預金で運用されていますが、場合によっては、1年超の運用もあります。ただし、表示上は、基金の性質・目的に着目し、流動資産として計上します。固定資産に計上する減債基金や特定目的基金の中に、預金や債券で運用しているものがあるとしても、その基金の性質・目的に着目し、固定資産として計上します。

　資金運用内容を注記します。

5．事業用資産（普通財産、行政財産）とインフラ資産の評価

　事業用資産（普通財産と行政財産）とインフラ資産（道路、河川等）は、原則として、取得原価で評価します。

＜開始時簿価＞

　事業用資産とインフラ資産の開始時簿価については、取得原価が判明しているものは、原則として取得原価とし、取得原価が不明なものは、原則として再調達原価で評価します（償却資産は、当該価額から減価償却累計額を控除した価額を計上します）。

＜インフラ資産の開始簿価＞

　道路、河川及び水路の敷地のうち、取得原価が不明なものについては、原則として備忘価額1円とします。なお、道路土地については、地方債の償還期間（30年）を目安にして、昭和60年（1985年）を基準として、昭和60年以降の道路土地は、それに見合う地方債が負債として計上されていることを考慮して、取得原価で計上するとされました。昭和59年以前の道路の土地については、それに見合う地方債は償還されているとして、備忘価額1円での評価としました。

　事業用資産、インフラ資産のうち、適正な対価を支払わずに取得したものについては、原則として再調達原価とします。ただし、無償で移管を受けた道路、河川及び水路の敷地については、原則として備忘価額1円とします。

＜インフラ資産の開始時簿価の取得原価＞

　インフラ資産の取得原価については、事実関係をよく調査する必要があり、安易に取得原価が不明だと判断することのないよう留意する必要があります。具体的には、地方債発行に関連する資料など、残存する証拠書類を確認することが考えられます。

それでも取得原価が判明しない資産については、取得原価の把握のために、地方財政状況調査（決算統計）の数値を用いることも認められました。

　既に固定資産台帳が整備済または整備中の場合、基準モデルにおける時価評価も認められました。また、東京都や「新公会計制度普及促進連絡会議」参加団体において採用されている取得価額の推定[1]についても、合理的かつ客観的な基準によって評価されたものであれば、引き続き、当該評価額によることを許容するとされました。なお、その場合、道路・河川及び水路の敷地については、統一的な基準による評価額を注記することとされました（図表1参照）。

図表1　有形固定資産等の評価　　　　　　　　　　　【　　】内は取得原価が不明な場合

	開始時		開始後	再評価
	昭和59年度以前取得分	昭和60年度以後取得分		
非償却資産 ※棚卸資産を除く	再調達原価	取得原価 【再調達原価】	取得原価	立木のみ6年に1回程度
道路、河川及び水路の敷地	備忘価額1円	取得原価 【備忘価額1円】	取得原価	―
償却資産 ※棚卸資産を除く	再調達原価	取得原価 【再調達原価】	取得原価	―
棚卸資産	低価法	低価法	低価法	原則として毎年度

（出典：総務省（2019）「統一的な基準による地方公会計マニュアル（令和元年8月改訂）」159頁）

　この結果、道路の開始簿価については、評価方法が自治体によってまちまちとなっており、インフラ資産の金額は比較可能性が低いものになっています。したがって、自治体間の財務比較を行う場合には、留意が必要です。

＜開始後の評価＞

　開始後の評価について、有形固定資産の評価は、原則として取得原価とし、再評価は行わないこととされました。

　売却可能資産については、売却可能価額を注記し、当該価額は原則として毎年度評価し

注（1）　新たな公会計制度を導入する前に取得したインフラ資産の評価は、下記のように計算されます。
　　　　道路の土地：面積 × 東京都基準地価等を基にして算出した単価 ＝ 土地の評価額
　　　　道路の構造物：再調達価格 × 取得年度の物価指数等 ＝ 構造物の評価額
　　　　※構造物とは…舗装、街渠、街灯・標識、分離帯、道路橋、トンネル、電線共同溝 など
　　　　　（出典：東京都（2020）『東京都の新たな公会計制度解説書』141頁）

ます。

＜道路資産の減価償却について＞

　統一的な基準では、道路資産（舗装部分）は耐用年数50年で減価償却します。

　道路台帳については、多くの自治体では、地図情報に基づくものであり、価格情報を含んではいません。そのため、道路の取得価額と道路台帳との結合や連携は、難しいものといえます。なお、東京都では、道路台帳と連携した道路管理台帳システムを作成して、道路の取得価額を路線別に把握しています。

　東京都や町田市、江戸川区では道路の舗装部分に取替法（更新会計ともいいます）を採用しています。取替法とは、減価償却の代わりに、維持補修費（打ち替えを含む）を費用処理する方法であり、路面の状況を一定に維持管理している場合に、適切であり、事務負担の少ない方法とされています。ただし、規則的な償却費と比較して、維持補修が経常的に実施されない場合、費用が変動するという指摘もあります。したがって、取替法は、規則的に維持補修がなされているという条件を満たす場合に、適用できる方法といえます。

６．物品（重要物品、立木）

　物品は、地方自治法第239条第１項に規定するもので、原則として取得価額または見積価格が50万円（美術品は300万円）以上の場合に、その取得価額を資産として計上し、再評価は行わないこととしています。

　ただし、各自治体の規程等において重要な物品等の基準を有している場合で、かつ、総資産に占める物品の割合が小さいなど、重要性が低いと判断される場合においては、各自治体の判断に基づき、継続的な処理を前提に当該規程等に準じた資産計上基準を設けてもよいとしています。

　なお、取得原価が不明な資産については、原則として再調達原価で評価します。

　物品に関して、資産計上金額の設定、資産計上の範囲、耐用年数について、自治体によって異なる場合があります。資産計上の金額を150万円以上としている団体もありますが、金額基準のない団体もあります。また、資産計上の範囲について、公園遊具を一式として計上し、耐用年数を平均的な15年としている団体もあります。それぞれの自治体の管理基準に基づいて会計処理を行うことになります。

　図書館の図書について、図書は物品に該当しますが、図書を資産計上するかどうかは、自治体の判断によります。例えば、町田市では、図書館に図書という資産が計上されるべきであるという考え方に基づき、学校法人会計を参考にして、図書を資産計上しています。なお、図書の取得金額はICタグやバーコードで登録されている定価で評価しています。

　文化財については、重要文化財や国宝の指定を受けているものは時価で評価し、それ以外は取得原価（管理簿に記載している価額）で評価します。

立木については、資産計上するかどうかは自治体の判断によります。例えば、江戸川区では、緑化は区の重要施策であることから、立木を高木、中木、低木に3区分し、低木は費用処理、高木と中木は「標準単価×本数」で評価しています。

7. 建設仮勘定

建設仮勘定は、建設途中の建物や工作物等を資産として計上するための科目です。建物や工作物は完成すれば本資産として登録されますが、完成していない資産でもすでに支出を行っていれば、何らかの形で計上する必要があります。このため支出額の累計を建設仮勘定として計上し、当該資産の完成後、建設仮勘定の金額を本資産として計上します。

なお、建設仮勘定として計上される資産は、まだ利用されてはいないため減価償却は行いません。

統一的な基準では、建設仮勘定を事業用資産とインフラ資産に区分して計上します。

8. 負債の意義

企業会計では、「負債とは、過去の取引または事業の結果として、報告主体が支配している経済的資源を放棄もしくは引き渡す義務、またはその同等物をいう」（企業会計基準委員会（2006）「討議資料　財務会計の概念フレームワーク」第3章5項）。

公会計では、資産の定義にサービス提供能力を含めていますので、負債について、同様に概念を拡張しています。国際公会計基準では、「負債は将来の経済的便益（資金）あるいはサービス提供能力の流出」と定義されます。

負債は、発生の確率に応じて、①未払金のような法的確定債務、②引当金という蓋然性の高い債務、③偶発債務のような注記に区分されます。

9. 投資損失引当金、損失補償引当金

投資損失引当金、損失補償引当金は会計上の引当金ではありません。会計上の引当金は費用や損失の発生可能性を検討した上で計上すべきものですが、統一的な基準では、地方公共団体の財政の健全化に関する法律の指標をそのまま引当金として計上することとしています。

10. 純資産

企業会計では、「純資産とは、資産と負債の差額をいう」（企業会計基準委員会（2006）「討議資料　財務会計の概念フレームワーク」第3章6項）。

公会計でも、同様の定義になります。

統一的な基準では、純資産の内訳として、「固定資産等形成分」（有形固定資産及び投資

に対応する純資産）と「余剰分（不足）」に区分しています。これは、資産形成と借入金の関係を世代間負担の衡平性の指標としてみるという考え方に基づき、純資産の内訳を区分したものです。

なお、純資産を拘束性の概念によって区分するという考え方は、米国の州・地方政府会計基準（Governmental Accounting Standards Board：GASB（1999）Statement No. 34）に見られます。統一的な基準における純資産の区分は、米国の会計基準と類似していますが、内容には相違があります[2]。

統一的な基準では、米国基準と異なり、簡便的な計算方法を採用したため、固定資産等形成分は、固定資産への投資から地方債を控除しないこととしています。そのため、米国基準に比べると地方債に相当する金額が大きくなっています。また、負債の変動（地方債の発行や償還）が「余剰分（不足分）」に反映されることになり、「余剰分（不足分）」の変動の意味を難しいものにしています。

Ⅱ．行政コスト計算書、純資産変動計算書

1．行政コスト計算書

＜財務業績計算書の意義＞

地方自治体の財務業績計算とは、1年間の行政サービスの提供にかかった費用と、財源となる収益（収入）との対応を表すものであり、その結果として、余剰（黒字）か欠損（赤字）を明らかにするものです。

1年間の費用と収益が対応しているかという観点から、この収支差額（余剰・欠損）は、米国では「期間負担の公平性」という指標で評価しています。また、英国では、「世代間負担の公平性」という中長期的な指標として評価しています。

注（2）GASB（1999）Statement No. 34 *Basic Financial Statements—and Management's Discussion and Analysis—for State and Local Governments*, June 1999
 GASB第34号によれば、純資産は「資産－負債」として定義されますが、その内訳表示は次の3つの概念からなります。この3つの区分に基づき、純資産が拘束されていることを財務諸表本体で開示することを要求しています（30〜37項）。
 ① Invested in Capital Assets, Net of Related Debt（資本的資産への純投資＝固定資産－関連負債）
 ② Restricted Net Assets（拘束純資産）
 ③ Unrestricted Net Assets（非拘束純資産）
 この考え方の背景にあるものは、純資産を拘束の程度により「資本的資産への純投資、拘束、非拘束」に分類し、それぞれの経年比較を通して財務業績の良し悪しを評価しようというものです。非拘束純資産の増減は、財務業績（経常的なコストと収益との差額）の黒字・赤字（余剰・欠損）が反映されたものになっています。

財務業績の収支差額（余剰・欠損）は、現金収支ではわからない指標であり、発生主義会計で初めて明らかになるものです。この収支差額は、財政規律の指標としても意味のあるものです。もしも、欠損（赤字）が中長期に続く場合、将来の増税やサービス水準の切り下げを示唆することになります。

　国際公会計基準（IPSAS）では、財務業績は、収益（財源）と費用を一覧的に対応して表示するとされていますが、わが国では、行政コスト計算書と純資産変動計算書という2つの財務書類を繋げることで、財務業績を見ることができます。純資産変動計算書の中で、「本年度収支」という項目を設けて、収支差額を示しています。

＜行政コスト計算書＞

　行政コスト計算書は、行政サービスのコストと使用料・手数料という「対価性」のある収益（交換取引ともいいますが、フルコストをカバーするものではありません）を「収益」として表示し、差額として純費用を表示する様式となっています。

　行政サービスのコストの財源である税収等と補助金（国・県支出金）は、行政コスト計算書ではなく、純資産変動計算書の中で「財源」として表示しています。

2．純資産変動計算書

　企業会計では、資産と負債の差額を純資産として定義していることから、資産の評価損益（その他包括利益）などが純資産とされました。その結果、純資産の増減が複雑になったため、株主資本等変動計算書が作成されるようになりました。

　統一的な基準では、純資産変動計算書において、税収等を財源として計上しています。これは税収等を資本拠出（税金を国民からの出資）と考えるという趣旨ではなく、行政コスト計算書には対価的な収益のみを計上していることから、非対価収益である税収と補助金を純資産変動計算書に計上したものであるとしています。

　国・県補助金は、業務活動にかかる経常的な補助金と、投資にかかる建設補助金とを区別せずに、全額を純資産変動計算書に計上しています。本来は、投資にかかる補助金（建設補助金）は、経常的な補助金と区別して会計処理すべきものですが、統一的な基準では、区別しないで計上することとしています。

　資産評価差額と無償所管換等は、純資産変動計算書に計上しています。

＜固定資産等の変動（内部変動）＞

　固定資産の増減や貸付金・基金等の増減は、貸借対照表の資産の変動であり、純資産を変動するものではありません。しかしながら、資産形成と借入金の関係を世代間負担の衡平性の指標としてみるという考え方に基づき、純資産の内訳を「固定資産等形成分」（有形固定資産＋投資に対応する純資産）と「余剰分（不足）」に区分することとしています。

＜コラム＞　建設補助金（国・県支出金）の会計処理

　国や都道府県からの補助金には、固定資産の取得に紐付いた建設補助金と、経常的な費用に対する経常的補助金があります。

　経常的補助金は、行政サービスに対応するものですから、行政サービス計算書の収益（収入）に計上すべきものです。

　他方、建設補助金については、複数の会計処理があります。建設補助金の会計処理としては、次の3通りの方法が考えられます。

　① 特別収益とする。
　② 純資産に直入する。
　③ 繰延収益（前受収益）とする。

　①の収益計上が、収益の定義には整合しています。問題点としては、投資は費用ではなく資産に計上されるのに対して、建設補助金を収益として計上すると、収益と費用の時期がずれてしまう（収益と費用が対応しない）ことになります。その結果、補助金入金時は財務業績の黒字が大きく（赤字が小さく）みえますが、翌年度以降は、減価償却費が計上されますので、黒字が小さく（赤字が大きく）みえるという問題があります。このように建設補助金の多寡により収支差額（赤字・黒字）にブレが生じます。ただし、それが経済的な実態ともいえます。

　②の純資産直入処理は、行政コスト計算書は業績をみるための財務諸表と位置付けて、建設補助金を純資産に直入するという思考です。

　③の繰延収益という処理は、収益費用対応の観点からは理論的ですが、実務的な対応（固定資産と同様に繰延収益を期間配分するという手間がかかります）に困難な点があります。

　統一的な基準では、建設補助金と経常的補助金を区別せず、両方を純資産に直入するという方法を採用しています。

　東京都では、経常的補助金は行政サービス計算書の収入に計上し、建設補助金は純資産直入としています（②の方法）。

　大阪府では、経常的補助金は経常収益に計上し、建設補助金は特別収益に計上しています（①の方法）。

　地方公営企業では、経常的補助金は経常収益に計上し、建設補助金は繰延収益に計上しています（③の方法）。

3．減価償却の意味

　減価償却費は、固定資産（償却資産）の期間配分という目的のため行います。

　固定資産取得の翌年から開始します。ただし、翌月から開始してもよいとしています。

＜コラム＞　減価償却の意義について

1．企業会計上の意義

　減価償却の意義は、投資（固定資産）の期間配分（コスト・アロケーション）といわれています。企業は、固定資産を使って製品を生産・販売したり、あるいは、サービスを提供したりすることによって、その収益で投資を一定期間で回収します。そのため、費用と収益を対応させることが必要です。企業は、1年で決算するため、減価償却は、会計上の技術といえます。

企業では、減価償却費が税務上の損金（費用）になるため、その分の資金が内部留保として残ります。その資金を将来の固定資産の更新に充てることができます。しかし、実際には、別の投資に充てることも多く、必ずしも、内部留保された資金が固定資産の減価償却費と紐付きで留保されているわけではありません。

２．公会計における減価償却の意義
① 予算と減価償却の関係
　予算と会計（財務報告）との関係では、減価償却の意義がいくつかあるといえます。
　英国では、予算に発生主義会計を採用しており、減価償却費も予算上のコストとなり、投資に対応した費用を負担するという仕組みを採用しています。他方、米国では、予算は現金主義であり、過去の投資のコストはあまり重要性がないとしています。
　減価償却費を予算と結び付けた事例として、フランスの地方政府では、かつて、減価償却費と、借入金返済及び基金積立を比較して、財政健全化の指標としていたことがあります。つまり、
　減価償却費（会計）＝借入金返済＋基金積立（財政）
となるように財政運営を行うことを健全性の指標としていました。このような財政運営ができれば、会計（減価償却費）と財政（借入金返済＋基金積立）が連動することになります。
　もしも、耐用年数と借入金返済期間が同じであるなら、減価償却費と借入金返済額が一致してわかりやすいといえます。しかしながら、実際には、固定資産の耐用年数と債務の償還期間は異なりますし、全額借入金ではなく基金を活用したり、国庫補助金を受け入れたりする場合があります。また、複数の投資がある場合もあり、実務的にはこのルールを遵守するのは難しい面があったようです。

② 事業の成果と対応すべきフルコスト情報としての減価償却
　減価償却費は、事業評価におけるフルコスト情報という意義があります。事業評価の視点からは、投資の費用対効果をみるためには、減価償却による費用を明らかにする必要があります。例えば、同じサービスでも、住宅政策における公営住宅という建物の賃貸という政策と、住宅補助金という政策の選択があります。ハードを自前で調達して行う場合と、補助金を支払ってソフトの事業として行う場合では、１年当たりの現金支出額が異なるので、ハード事業とソフト事業を単純には比較できません。しかしながら、減価償却費を含むフルコスト情報を用いることで、ソフト事業との比較が可能になります。これにより本来の費用対効果を比較することができます。

③ 将来の投資資金と減価償却
　減価償却費は、将来の投資に備えた積立金の必要額の情報としての意義があります。例えば、減価償却累計額に対応する基金を目安に積立するということができます。
　地方公営企業会計では、水道や下水道等の公共サービスを継続する役割があります。そのため、料金設定に減価償却費分を含めることで、設備更新の資金需要を賄う資金を蓄積できるという効果があります。官庁会計（現金収支）だけで料金設定をしていると、現金収支は合っても、将来の更新資金が残らないため、更新時に大幅に値上げせざるをえなくなる可能性が大きいです。したがって、固定資産の更新のために、資金を一部留保することが必要になりますが、減価償却費を指標として活用することができます。
　ただし、施設の更新には、インフレと技術革新があり、取得価額の減価償却だけでは対応できない場合もあります。インフレによる物価上昇や機能拡充した施設を更新する場合、減価償却累計額と同額の資金を積立していても、更新費用を全額賄えるとは限りません。したがって、現在の施設の機能を維持更新するためにはいくら必要かという情報を試算しておくことが必要です。

Ⅲ．資金収支計算書（キャッシュ・フロー計算書）

１．資金収支計算書の意義

　資金収支計算書は、企業会計のキャッシュ・フロー計算書と同じものです（名称が異なるだけです）。

　資金収支計算書は、官庁会計と同じ現金収支を示すものですが、発生主義会計における資金収支は、業務活動収支、投資活動収支、財務活動収支に３区分して説明することによって、資金の流れをよりわかりやすく表示することができます。

　資金収支計算書によって、官庁会計と財務書類との関連性がよくわかります。資金収支計算書の業務活動収支は、行政コスト計算書及び純資産変動計算書に関連して計上され、投資活動及び財務活動の収支は貸借対照表に関連して計上されます。

　行政コスト計算書及び純資産変動計算書の収益・費用と資金収支計算書の収入・支出とは異なるため、２つのフロー情報が有用とされています。

＜作成方法＞

　企業会計では、キャッシュ・フロー計算書は、損益計算書の当期利益から、非現金支出、債権債務の増減を調整して、間接法で作成します。企業会計では、直接法に基づくキャッシュ・フロー計算書を作成していません。作成できない理由としては、複式簿記では、資金収支の仕訳を起こしてないため、未収・未払の現金収支とその原因となる売上・費用を紐付けしていないことが挙げられます。

　他方、官庁会計では、歳入歳出決算書という資金収支の決算書を作成しているため、公会計においては資金収支計算書を直接法で作成することができます。具体的には、財務会計システムにおいて、官庁会計の歳入歳出情報から資金収支計算書のための仕訳（資金仕訳）を自動的に作成します。同時に、貸借対照表・行政コスト計算書・純資産変動計算書のための仕訳（いわゆる複式簿記）を作成します。つまり、現金収支を伴う取引については、１取引につき２つの仕訳を作成していますので、資金収支計算書を直接法で作成できるものです。

　直接法で資金収支計算書を作成する場合、行政コスト計算書・純資産変動計算書の本年度差額と資金収支計算書の業務活動収支差額との関係を注記で開示します。これによって、発生主義会計の収支差額と現金収支の業務活動収支との関係が明らかになります。この調整表は、企業会計では、損益計算書の当期利益とキャッシュ・フロー計算書の営業活動収支との関係を示すものであり、間接法で作成した場合と同じ内容のものになっています。

　行政コスト計算書と資金収支計算書の業務活動収支の差異の大きなものは、減価償却費と引当金繰入額などです（図表２参照）。

図表2　資金収支計算書の業務活動収支と純資産変動計算書の本年度差額との差額の内訳（例）

（単位：百万円）

資金収支計算書の業務活動収支
① 有形固定資産の増減
　　減価償却費
　　固定資産売却損益
② 事業活動に係る流動資産・負債の変動
　　未収金（収入未済）の増減
　　未払金（還付未済金）の増減
③ その他非現金取引項目
　　徴収不能引当金繰入額
　　賞与引当金繰入額
　　退職給与引当金繰入額
④ その他の取引項目
　　臨時損失・臨時利益
純資産変動計算書の本年度差額

<資金収支計算書の財務指標>

　業務活動収支と投資活動収支を足した収支は、企業会計におけるフリー・キャッシュフローに相当します。投資活動も行政サービスの一環ですので、この収支差額は自治体にとっても意味のある指標です。この収支差額が、黒字なら借入金が減り、赤字なら借入金が増えるというわかりやすい指標といえます。ただし、基金の積立や取崩を投資活動収支で表示しているため、基金の積立が大きいと、投資活動収支のマイナスが大きくなりますので、積立額を考慮して、この収支差額（フリー・キャッシュフロー）を見る必要があります。

　なお、統一的な基準ではプライマリー・バランスを注記することとしています。

<財務活動の考え方と利息>

　利息及び配当金の表示区分について、わが国の企業会計では、①あるいは②の方法があります。

　① 受取利息・配当金、支払利息を業務活動とし、支払配当金を財務活動に区分する

　② 受取利息・配当金を投資活動に、支払利息・配当金を財務活動に区分する

　統一的な基準では、①を採用しています（支払配当金はありません）。支払利息は財務活動（借金）に関連する費用なので、財務活動収支に計上することも考えられますが、投資活動も行政サービスの一部であり、支払利息、受取利息ともに業務活動収支に計上するという考え方によるものです。

<財務活動の考え方と基金>

　財務活動を外部との資金調達として定義しています。このため、基金への積立・取崩は

財務活動にはあてはまらないので、投資活動に計上しています。

〈参考文献〉
・総務省（2019）「統一的な基準による地方公会計マニュアル（令和元年 8 月改訂）」
・Governmental Accounting Standards Board（1999），*Statement No. 34, Basic Financial Statements—and Management's Discussion and Analysis—for State and Local Governments*, June 1999

第4章　決算業務の概要と実務上のポイント

　第4章では、公会計の決算に当たって必要な業務について、一般会計等をもとに、具体的な手続きをみます。まずは、公会計の財務会計システムで処理を行った財務書類の金額と、官庁会計で作成している決算参考資料（財産台帳等）との確認作業を行います。その次に、決算事務について、科目別に、仕訳例を示しながら説明します。[(1)]

　なお、最後に演習問題をつけていますので、参考にしてください。

Ⅰ．貸借対照表

1．流動資産

（1）現金預金

　基準時点における現金預金を計上します。現金預金の範囲は、地方自治法第235条の4第1項に定める歳計現金とし、歳入歳出外現金及び保管有価証券は含みません。決算書の数値（歳入歳出差引残額）と一致することを確認します（図表1参照）。

図表1　官庁会計と財務諸表の照合表（例）：現金預金

会計	官庁会計	財務諸表	差額
一般会計	×××	×××	0
国民健康保険事業会計	×××	×××	0
介護保険事業会計	×××	×××	0
後期高齢者医療事業会計	×××	×××	0

（2）未収金（収入未済）

　官庁会計決算の「収入未済額」と「収入未済額中還付未済額」の合計額と、貸借対照表の未収金勘定残高とを照合します（図表2参照）。

注（1）本章では、総務省（2019）「統一的な基準による地方公会計マニュアル（令和元年8月改訂）」、東京都「財務諸表作成要領」、世田谷区「財務諸表作成要領」、町田市「資産照合表」等を参考にしています。

図表2　官庁会計と財務諸表の照合表（例）：未収金（収入未済）

会計	種別	官庁会計決算			財務諸表	差額
		収入未済額	収入未済額中還付未済額	合計		
一般会計	税未収	×××	××	×××	×××	0
	その他未収金	×××	××	×××	×××	0

（3）基金（財政調整基金、減債基金、特定目的基金等）

　官庁会計決算の「財産に関する調書」の基金残高と、貸借対照表の「基金」（財政調整基金、特定目的基金及び定額運用基金）の勘定残高を照合します（図表3参照）。

図表3　官庁会計と財務諸表の照合表（例）：基金

基金	種別	官庁会計決算（財産に関する調書）			会計	財務諸表	差額
		××年度末現在高	出納整理期間中の積立・取崩	合計			
財政調整基金積立金	財政調整基金	×××	××	×××	一般	×××	0
公共施設整備等基金積立金	特定目的基金	×××	××	×××	一般	×××	0
減債基金	減債基金	×××	××	×××	一般	×××	0

2．固定資産

（1）有形固定資産・無形固定資産・投資その他の資産

　事業用資産（行政財産、普通財産）、重要物品、インフラ資産、ソフトウェア、リース資産、投資その他の資産のうち有価証券、出資金及び出捐金については、固定資産台帳（公有財産台帳）の残高と、貸借対照表の各勘定残高とを照合します（図表4参照）。

図表4　官庁会計（公有財産台帳）と財務諸表の照合表（例）：有形固定資産等

① 事業用資産

会計		種別	公有財産台帳	財務諸表	差額
一般会計	有形固定資産	土地	×××	×××	××
		建物	×××	×××	0
		工作物	×××	×××	0
	無形固定資産	地上権	×××	×××	0
		その他無形固定資産	×××	×××	0

（差額の原因）
　土地売却の登録漏れにより、財産台帳上の土地が××円少なくなっている。財務諸表には、正しい金額を計上している。

② インフラ資産

会計		種別	公有財産台帳	財務諸表	差額
一般会計	有形固定資産	土地	×××	×××	0
		建物	×××	×××	0
		工作物	×××	×××	0
	無形固定資産	地上権	×××	×××	0
		その他無形固定資産	×××	×××	0

③ 備品

会計	備品台帳	財務諸表	差額
一般会計	×××	×××	0

④ リース資産

会計	リース台帳	財務諸表	差額
一般会計	×××	×××	0

⑤ ソフトウェア

会計	ソフトウェア台帳	財務諸表	差額
一般会計	×××	×××	0

⑥　有価証券、出資金及び出捐金

会計	所管部	財産種別	公有財産台帳残高	減損処理額	合計	財務諸表	差額
一般会計	××部	有価証券	×××	0	×××	×××	0
一般会計	××部	出資金	×××	0	×××	×××	0

⑦　債権

会計	区分	種別	公有財産台帳残高	財務諸表	差額
一般会計	××資金貸付金	貸付金	×××	×××	0
	××事業清算金	その他債権	×××	×××	0

（2）建設仮勘定

　建設仮勘定とは、完成が来年度以降になる工事について、今年度までに支出した金額を資産計上するものです。建設仮勘定に計上されている金額に漏れがないかを確認します。また、すでに完成した建物等に係る支出額が、建設仮勘定に残っていないかもあわせて確認します（図表5参照）。

図表5　官庁会計（建設仮勘定台帳）と財務諸表の照合表（例）

会計	建設仮勘定台帳	財務諸表	差額
一般会計	×××	×××	0

（3）ソフトウェア仮勘定

　ソフトウェア仮勘定とは、完成が来年度以降になるソフトウェアについて、今年度までに支出した金額を資産計上するものです。ソフトウェア仮勘定の計上に漏れがないかを確認します。すでに完成したソフトウェアに係る支出額が、残っていないかもあわせて確認します（図表6参照）。

図表6　官庁会計（ソフトウェア仮勘定台帳）と財務諸表の照合表（例）

会計	ソフトウェア仮勘定台帳	財務諸表	差額
一般会計	×××	×××	0

（4）資本的支出と修繕費の区分基準

　有形固定資産のうち、償却資産に対して修繕等を行った場合は、修繕等に係る支出が当該償却資産の資産価値を高め、またはその耐久性を増すこととなると認められるかどうかを判断し、認められる部分に対応する金額を資本的支出として資産に計上します。それ以外の支出は修繕費として費用計上します（実質基準といいます）。

　上記の判断は、実務上困難な場合もあると考えられることから「区分基準（修繕費支弁基準）」を内部で策定して事務処理を行うのが適当と考えられます。「区分基準」については、「法人税基本通達」第7章第8節の例示が参考になります。同通達に、①金額が60万円未満の場合、または②固定資産の取得価額等の概ね10%相当額以下である場合には、修繕費として取り扱うことができるという規定があることから、これを準用することが考えられます（形式基準といいます）。

　地方自治体の実情により、「60万円未満」を別途の金額に設定することもできることとしていますが、その場合には、その旨を注記します。

　既存の償却資産に対して行った資本的支出については、その支出金額が固有の取得価額になりますが、既存の償却資産と種類及び耐用年数を同じくする別個の資産を新規に取得したものとして、その種類と耐用年数に応じて減価償却を行っていくこととします。

（5）リース会計

　リース資産のうちファイナンス・リース取引については、通常の売買取引に係る方法（固定資産に該当するものは貸借対照表に計上）に準じて会計処理を行い、オペレーティング・リース取引については、通常の賃貸借取引に係る方法（費用として行政コスト計算書に計上）に準じて会計処理を行います。ただし、統一的な基準では、ファイナンス・リース取引であっても、所有権移転外ファイナンス・リース取引及び重要性の乏しい所有権移転ファイナンス・リース取引については、通常の賃貸借取引に係る方法に準じて会計処理を行うことができることとしています。

　ファイナンス・リース取引とは、次のいずれかに該当するものをいいますが、概ね、途中で解約できずに借り手が最後まで使用することが想定されているようなものであれば、該当するものとして当該リース取引を貸借対照表に計上します。

① 解約不能のリース期間中のリース料総額（利息分を除く）の現在価値が、当該リース物件の見積現金購入価額（現金で購入すると仮定した場合の見積額）の概ね90%以上であること（リース料総額の現在価値 ≧ 見積現金購入価額 × 90%）

② 解約不能のリース期間が、当該リース物件の経済的耐用年数の概ね75%以上であること（解約不能のリース期間 ≧ 経済的耐用年数 × 75%）

　なお、オペレーティング・リース取引とは、ファイナンス・リース取引以外のリース取引をいいます。

＜コラム＞ソフトウェアの計上範囲について

① ソフトウェアと財産台帳との関係

　資産は、会計上の資産の定義を満たすものと同時に、地方自治法で規定されている財産（財産台帳に記載している財産）であることを根拠としています。自治体によっては、ソフトウェアは財産台帳に記載が無いため、公会計で計上するソフトウェアについては、別途規程（ソフトウェア基準）を設けて計上範囲を規定しています。

　統一的な基準では、ソフトウェアの計上基準は、物品と同様に、50万円以上としています。また、ソフトウェアの対象としては、財務会計システム、税務システム、住民基本台帳システム等があり、これらのうち、当該地方公共団体が所有等するものとしています。

　例えば、東京都では、①複数の部署で利用するという条件と、②1億円以上の支出を資産計上するという金額基準を設けており、基幹システムをソフトウェアとして計上しています。また、自治体が自ら作成するソフトウェアの場合は、独自性、所有・占有権があることを、ソフトウェア計上の根拠としています。

② 「将来の収益の獲得又は費用の削減が確実」について

　企業会計では、「研究開発費及びソフトウェアの会計処理に関する実務指針」において、将来の収益獲得又は費用削減が確実である自社利用のソフトウェアの取得費・制作費は、無形固定資産として計上することとされています。

　公会計の場合は、ソフトウェアは、住民の福祉に貢献するための財産なので、「サービス提供能力」があることは前提ですが、収益獲得は予定していませんので、費用削減が確実なものに限定しています。通常、基幹システムは人件費削減など業務の費用削減効果があると考えて開発しています。

　統一的な基準では、ソフトウェアの利用により将来の費用削減が確実であると認められる場合とは、自団体で利用するためにソフトウェアを制作し、当初意図した使途で継続して利用することにより、当該ソフトウェアを利用する前と比較して業務を効率的または効果的に遂行することができると明確に認められる場合と、市場で販売しているソフトウェアを購入し、かつ、予定した使途で継続して利用することによって、業務を効率的または効果的に遂行することができると認められる場合等が考えられるとしています。

③ 使用許諾（ライセンス）利用のソフトウェアについて

　最近では、ゼロベースで一から開発というソフトはほぼ無く、ソフトウェアベンダーが汎用的なパッケージとして提供しているソフトを、自治体の求める仕様にカスタマイズしているケースが多いです。ライセンス利用のソフトウェアの場合は、通常、使用許諾料とカスタマイズ費用が、資産計上となります。

　なお、汎用ソフトのライセンス料は、導入当初に一括して支払うか、利用期間に亘って支払うかに関わらず、費用処理します。

④ 耐用年数

　5年以内の利用可能期間で償却します。残存価額はゼロとします。

⑤ハードウェアに組み込まれているソフトウェア

　ハードウェアの取得原価に参入し、ソフトウェアとしては計上しません。

　減価償却はハードウェアの耐用年数で償却します。

⑥ ソフトウェアの改修

　ソフトウェアの耐用年数は5年ですが、実際には改修を繰り返して、システムの導入から入替までに10年以上利用していることもあります。通常、法律等の大幅な改正や新規事業の追加などの大幅な改修は資産計上となりますが、経常的な改修は費用となります。

⑦ 除却について

　システムを入れ替える際には、固定資産台帳から旧システムを除却する必要があります。ソフトウェアは残存価額ゼロまで償却するため、システムを入れ替える時には償却が終わっていて、残存価額ゼロになっていることが考えられます。残存価額ゼロのソフトウェアを新しいソフトウェアに入れ替えた場合、台帳から落とすことを忘れないように留意します。

Ⅱ．行政コスト計算書、純資産変動計算書、資金収支計算書における仕訳科目の確認

　複式簿記（日々仕訳）を採用している場合には、取引は、仕訳変換区分を元に、各勘定科目へ金額が計上されます。月次決算を確認することにより、仕訳変換区分が正しく設定されていることを確認します。

　期末一括仕訳を採用している場合は、官庁会計の決算における主要経費の金額と比較して、異常な差異がないかどうかを確認します。

Ⅲ．決算事務のポイント

1．減価償却費の決算事務

　現金主義会計では、固定資産を取得すると取得した年度に支出を行うことで会計処理としては完結しますが、発生主義会計では現金の支出とは別に、その固定資産が利用できる期間にわたって固定資産の価値の減少分を費用として計上します。この費用を減価償却費といいます。

　有形固定資産のうち、建物や工作物などの固定資産（償却資産といいます）は、使用した時間の経過によって価値が減少していきます。この価値の減少分について使用期間にわたり費用として計上し、同時に固定資産の帳簿価額を減額させることになっています。この手続きを減価償却と言います。減価償却費の額は「取得原価」、「耐用年数」、「残存価額」の3つを要素として計算します。

　減価償却費は、資産を取得した年の翌年度から計上します。

　ただし、土地は使用することによる価値の減少はないので、減価償却を行いません。

　財務会計システムや財産管理システム（固定資産管理システム）を導入している場合は、通常、減価償却に関しては、財産の管理システムにより自動計算しますので、個別の会計処理は必要ありませんが、数値が正しく計算されていることを確認することが必要です。

＜定額法の計算例＞

　建物取得価額1,000万円、耐用年数10年、残存価額ゼロの場合

　1年間の減価償却費は、

　（取得価額10,000,000 −残存価額 0 ）÷　耐用年数 10 ＝ 1,000,000円

耐用年数は、資産の種類や用途に対応した使用可能な年数ですが、通常は、法人税法の法定耐用年数を使用しています。耐用年数の経過後は、減価償却は行いません。

残存価額は、耐用年数が経過した後に、その資産の処分価額として残ると想定される価値で、一般的にゼロ（備忘価額1円）としています。

（計算例）　　　　　　　　　　　　　　　　　　　　　　　　　（単位：千円）

	1年目	2年目	3～9年目	10年目
取得価額	10,000	10,000		10,000
減価償却費	1,000	1,000		1,000
減価償却累計額	1,000	2,000		10,000
帳簿価額	9,000	8,000		0　（備忘価額1円）

1年目の仕訳

借方	貸方
減価償却費　1,000	減価償却累計額　1,000

2．引当金の決算事務

（1）徴収不能引当金[2]

① 徴収不能引当金の算定

徴収不能引当金とは、未収金（収入未済）に対して、過去の実績をもとに、将来的に不納欠損となる可能性を見込んで計上する科目です。会計上は、負債ですが、貸借対照表上の表示は資産の部における控除科目になります。

統一的な基準では、徴収不能引当金は、未収金及び長期延滞債権について、過去5年間の平均不納欠損率により（または個別に回収可能性を検討し）、徴収不能見込額を計上します。また、長期貸付金についても、過去5年間の平均不納欠損率により（または個別に回収可能性を検討し）、徴収不能見込額を計上することとしています。

次に、事例を用いて、会計処理を説明します。過去5年間（2015年度から2019年度まで）の収入未済額の合計額に対する過去5年間（2016年度から2020年度まで）の不納欠損額の合計額の率を算出し、その率に当該年度末の収入未済額を乗じて徴収不能引当金額を算出します。

なお、個々の収入未済の状況に応じた、より合理的な算定方法が存在するときには、当

注（2）従前の基準モデルでは、貸倒引当金という科目を使っていましたが、統一的な基準では、徴収不能引当金という科目に変更しています。

該方法により引当金を計上することができます。

不納欠損実績率の算定は、原則として各債権単位で行います。

過去5ヶ年において不納欠損がない場合、引当金額は0円となります。

（算定式）（例）2020年度（2021年3月期）において

徴収不能引当金額 = 2020年度末の収入未済額 × 不納欠損実績率

（小数点以下四捨五入）

$$\text{不納欠損実績率} = \frac{2016\sim2020\text{年度の不納欠損額の合計額}}{2015\sim2019\text{年度の収入未済額の合計額}}$$

（小数点以下第5位を切り上げ）

（計算例）

	2015年度	2016年度	2017年度	2018年度	2019年度	2020年度
収入未済額	700,000	800,000	900,000	1,000,000	900,000	1,000,000
不納欠損額	7,000	10,000	8,000	12,000	11,750	12,000

$$\text{不納欠損実績率} = \frac{10,000+8,000+12,000+11,750+12,000}{700,000+800,000+900,000+1,000,000+900,000} = 0.0125$$

徴収不能引当金額 = 1,000,000（2020年度末収入未済額）×0.0125 = 12,500

② 徴収不能引当金の会計処理

徴収不能引当金は、収入未済額を計上した会計単位（部課）に計上します。

不納欠損処理を行うときに、

借方	貸方
徴収不能引当金	未収金（収入未済）

の仕訳を行い、徴収不能引当金を取り崩します。

決算処理においては、算定した徴収不能引当金と期末時点の徴収不能引当金残高との差額を下記のように調整します。

（ⅰ）算定した徴収不能引当金額が期末の徴収不能引当金残高より多かった場合

差額を徴収不能引当金繰入額（経常費用）として計上します。

（仕訳例）

算定した2020年度の徴収不能引当金額が200,000円、

期末の徴収不能引当金残高が150,000円だった場合

借方	貸方
徴収不能引当金繰入額　50,000	徴収不能引当金　50,000

（ⅱ）算定した徴収不能引当金額が期末の徴収不能引当金残高より少なかった場合

差額を徴収不能引当金戻入益（臨時利益）として計上します。

（仕訳例）

算定した2020年度の徴収不能引当金額が200,000円、

期末の徴収不能引当金残高が250,000円だった場合

借方	貸方
徴収不能引当金　50,000	徴収不能引当金戻入益　50,000

③ 不納欠損額（臨時損失）の処理

当年度の不納欠損が多額になり、あらかじめ計上してあった徴収不能引当金額を超えた場合、徴収不能引当金がマイナスとなります。このマイナスの分については、不納欠損額（臨時損失）として計上します。

（仕訳例）

算定した2020年度の徴収不能引当金額が200,000円、不納欠損が230,000円あり、

期末の徴収不能引当金残高が△30,000円になった場合

（ⅰ）マイナス分を不納欠損額（臨時損失）に計上

借方	貸方
不納欠損額　30,000	徴収不納引当金　30,000

（ⅱ）算定した徴収不能引当金繰入額（経常費用）を計上

借方	貸方
徴収不能引当金繰入額　200,000	徴収不納引当金　200,000

④ 当年度調定の不納欠損の処理

当年度に調定を行った分で、不納欠損となったものがある場合は、不納欠損額（臨時損失）として計上するため、すでに取り崩した徴収不能引当金を繰り戻す処理を行います。

（仕訳例）

当年度に調定を行った100,000円に対して、当年度に不納欠損処理を行った場合

（不納欠損処理により、すでに徴収不能引当金を取崩している場合）

（ⅰ）不納欠損処理時

借方	貸方
徴収不能引当金　100,000	未収金（収入未済）　100,000

（ⅱ）決算仕訳（引当金を取崩した分を、不納欠損額（臨時損失）に計上）

借方	貸方
不納欠損額　100,000	徴収不能引当金　100,000

（2）退職手当引当金

① 退職手当引当金の算定

　将来的に支出が発生することが予定されている退職金を負債として示し、当期の負担に属する金額を費用として処理するために設けられている科目です。

　「地方公共団体の財政の健全化に関する法律」（財政健全化法）における健全化判断比率に関する算定様式の「退職手当支給予定額に係る負担見込額」において、将来負担額として算定された金額を計上します[3]。

② 退職手当引当金に係る会計処理

　退職手当を支出した際に、

借方	貸方
退職手当引当金	現金預金

の仕訳が行われ、引当金を取り崩す処理を行います。

　決算処理においては、年度末に計上すべき退職手当引当金と、期末の退職手当引当金残高の差額を、退職手当引当金繰入額（経常費用）に計上します。

借方	貸方
退職手当引当金繰入額	退職手当引当金

　もしも、繰入額がマイナスの場合、つまり、年度末に計上すべき退職手当引当金のほうが期末退職手当引当金より少ない場合、その差額は退職手当引当金戻入益（臨時利益）として計上します。

注（3）退職手当引当金については、原則として、期末自己都合要支給額により算定することとします。具体的には、一般職に属する職員については基本額（勤続年数ごとの（職員数×平均給料月額×自己都合退職支給率）の合計）と調整額（勤続年数による加算）の合計額とし、特別職に属する職員（首長、議会の議員、副知事、副市町村長、監査委員等）については自己都合による退職金の合計額として、それらを合算したものを退職手当引当金として計上します。

借方	貸方
退職手当引当金	退職手当引当金戻入益

（3）賞与等引当金

① 賞与等引当金の算定

　賞与引当金は、次期に支払われる予定の賞与のうち、当期の負担に属する金額を負債として計上し、当該金額を当期の費用として処理するために設けられている科目です。

　自治体において、職員に支給される期末手当及び職員の勤勉手当に関する規則等によって、職員に支給される勤勉手当で、翌会計年度に支払うことが予定されているもののうち、当期の負担相当額を計上します。

　例えば、2020年度（2021年3月期）において、2021年6月に支給される期末手当について、支給対象期間が2021年3月2日〜2021年6月1日に基づいている場合、2021年3月の1ヶ月分を計上します。したがって、支給額に1／3（＝1ヶ月分／3ヶ月分）を乗じて算出します。

　また、勤勉手当について、支給対象期間が2020年12月2日〜2021年6月1日に基づいている場合、2020年12月〜2021年3月の4ヶ月分を計上します。したがって、支給額に2／3（＝4ヶ月分／6ヶ月分）を乗じて算出します。

> （計算例）2020年度（2021年3月期）において
> 賞与引当金額＝2021年6月支給分の期末手当額×1／3
> 　　　　　　　＋2021年6月支給分の勤勉手当額×2／3

② 賞与引当金の計上に係る会計処理

　決算時には、賞与引当金は、給与等の人件費と同様に、経常費用に計上します。

借方	貸方
賞与引当金繰入額	賞与引当金

賞与を支出した際に、

借方	貸方
賞与引当金	現金預金

の仕訳が行われ、引当金を取り崩す処理を行います。

（4）投資損失引当金

　市場価格のない投資及び出資金のうち、連結対象団体及び会計に対するものについて、実質価額が著しく低下した場合は、実質価額と取得価額との差額を両者の差額が生じた会計年度に臨時損失（投資損失引当金繰入額）として計上し、両者の差額を貸借対照表の投

資損失引当金に計上します。なお、実質価額が30％以上低下した場合には、著しく低下したものとみなします。

（5）損失補償等引当金

損失補償等引当金は、履行すべき額が確定していない損失補償債務等のうち、財政健全化法の規定に従って将来負担比率の算定に含めた将来負担額を計上するとともに、同額を臨時損失（損失補償等引当金繰入額）に計上します。

3．有価証券・出資金の評価と減損処理

＜売買目的有価証券＞

自治体は、通常、売買目的の有価証券は保有していないですが、もしも、保有している場合は、期末の時価で評価することになります。市場価格のあるものについては、基準日時点における市場価格をもって貸借対照表価額とし、この市場価格での評価替えに係る評価差額については、洗替方式により、純資産変動計算書の資産評価差額として計上します。

＜満期保有目的有価証券＞

基金の運用として、国債などの債券を満期まで保有する場合があります。満期まで所有する意図をもって保有している債券を、満期保有目的有価証券といいます。

満期保有目的有価証券の貸借対照表価額の測定は、償却原価法によって算定された価額を用います。償却原価法とは、債券等をその額面と異なる価額で取得した場合に、その差額を償還期まで毎期一定の方法で、逐次、貸借対照表に加算または減算する方法をいいます。差額を調整する方法には、実効利子率による利息法と、毎期均等額を配分する定額法があります。配分された差額は、受け取る利息とあわせて、有価証券利息として行政コスト計算書に計上します。

満期保有目的有価証券で市場価格があるものについて、市場価格が著しく下落した場合には、回復する見込みがあると認められる場合を除き、市場価格をもって貸借対照表価額とします。なお、債券の市場価格の下落率が30％以上である場合には、「著しく下落した場合」に該当するものとします。この強制評価減に係る評価差額については、行政コスト計算書の臨時損失（その他）として計上します（この強制評価減のことを「減損損失」といいます）。

市場価格が回復する見込みがあると認められ、市場価格によって評価しない場合には、その旨、その理由及び市場価格との差額を注記します。強制評価減を行った後は、市場が回復した場合でも、戻入益の計上は行いません。

市場価格のないものについては、取得原価または償却原価をもって貸借対照表価額とします。

＜出資金＞

　出資金は、公有財産として管理されている出資等をいいます。なお、出捐金は、地方自治法第238条第１項第７号の「出資による権利」に該当するため、出資金に含めて計上します。

　出資金のうち、市場価格があるものについては、基準日時点における市場価格をもって貸借対照表価額とし、この市場価格での評価替えに係る評価差額については、洗替方式により、純資産変動計算書の資産評価差額として計上します。

　出資金のうち、市場価格がないものについては、出資金額をもって貸借対照表価額とします。ただし、市場価格のないものについて、出資先の財政状態の悪化により出資金の価値が著しく低下した場合には、相当の減額を行います。なお、出資金の価値の低下割合が30％以上である場合には、「著しく低下した場合」に該当するものとします。連結対象団体及び会計に対するもの以外のこの強制評価減に係る評価差額については、行政コスト計算書の臨時損失（その他）として計上します。

　市場価格のない投資及び出資金のうち、連結対象団体及び会計に対するものについて、実質価額が著しく低下した場合は、実質価額と取得価額との差額を両者の差額が生じた会計年度に臨時損失（投資損失引当金繰入額）として計上し、両者の差額を貸借対照表の投資損失引当金に計上します。なお、実質価額が30％以上低下した場合には、著しく低下したものとみなします。

４．財務書類の公表時期について

　国際公会計基準（IPSAS）では、財務書類の公表は、決算日から６ヶ月以内を目安にしています。わが国では、３月が決算日ですが、出納整理期間が２ヶ月ありますので、官庁会計の決算は９月議会で公表している団体が多いようです。財務書類については、決算参考資料として、９月に公表している団体がありますが、早いほうといえます。財務書類を11月に公表している団体も少なくないようです。

　今後、複式簿記の導入が進んでいけば、財務書類の公表時期も早くなっていくことが期待されます。

演習問題

1 次の決算業務を行う場合の仕訳を記載してください。

(1) 減価償却

建物取得価額1,500万円、耐用年数10年、残存価額ゼロの場合

1年目の減価償却費を計上する。

計算式

借方	貸方

(2) 徴収不能引当金

① 今期、50,000円の不納欠損があり、徴収不能引当金を取り崩した。

借方	貸方

② 算定した徴収不能引当金額が200,000円、期末の徴収不能引当金残高が100,000円だった。

借方	貸方

③ 算定した徴収不能引当金額が200,000円、期末の徴収不能引当金残高が250,000円だった

借方	貸方

④ 算定した徴収不能引当金額が200,000円になったが、当期の不納欠損が230,000円あり、期末の徴収不能引当金残高が△30,000円になった。

（ⅰ）マイナス分を不納欠損額（臨時損失）に計上する。

借方	貸方

（ii）算定した徴収不能引当金繰入額（経常費用）に計上する。

借方	貸方

（3）退職手当引当金

① 退職手当1,000,000円を支出したので、引当金を取り崩す。

借方	貸方

② 算定した退職手当引当金20,000,000円、期末の退職手当引当金残高が18,000,000円であった。

借方	貸方

③ 算定した退職手当引当金17,000,000円、期末の退職手当引当金残高が18,000,000円であった。

借方	貸方

（4）賞与引当金

① 賞与引当金を3,000,000円計上する。

借方	貸方

② 翌期に賞与5,000,000円を支出した。

借方	貸方

演習問題解答例

（1）減価償却

（計算式）

減価償却費＝（取得価額15,000,000 −残存価額 0 ） ÷ 耐用年数 10 ＝ 1,500,000円

借方	貸方
減価償却費　1,500,000	減価償却累計額　1,500,000

（2）徴収不能引当金

① 不納欠損額を徴収不能引当金から取り崩す。

借方	貸方
徴収不能引当金　50,000	未収金（収入未済）　50,000

② 差額を徴収不能引当金繰入額として計上する。

借方	貸方
徴収不能引当金繰入額　100,000	徴収不能引当金　100,000

③ 差額を徴収不能引当金戻入益（臨時利益）として計上する。

借方	貸方
徴収不能引当金　50,000	徴収不能引当金戻入益　50,000

④

（ⅰ）マイナス分を不納欠損額（臨時損失）に計上する。

借方	貸方
不納欠損額　30,000	徴収不納引当金　30,000

（ⅱ）算定した徴収不能引当金繰入額（経常費用）に計上する。

借方	貸方
徴収不能引当金繰入額　200,000	徴収不納引当金　200,000

（3）退職手当引当金

① 支払った退職手当を退職手当引当金から取り崩す。

借方	貸方
退職手当引当金1,000,000	現金預金1,000,000

② 差額2,000,000円（20,000,000円－18,000,000円）を退職手当引当金繰入額として計上する。

借方	貸方
退職手当引当金繰入額　2,000,000	退職手当引当金　2,000,000

③ 差額1,000,000円（18,000,000円－17,000,000円）を退職手当引当金戻入益（臨時利益）として計上する。

借方	貸方
退職手当引当金　1,000,000	退職手当引当金戻入益　1,000,000

（4）賞与引当金

① 賞与引当金3,000,000円を計上する。

借方	貸方
賞与引当金繰入額　3,000,000	賞与引当金　3,000,000

② 翌期に賞与5,000,000円を支出したので、前期末の賞与引当金を取り崩す。

借方	貸方
賞与引当金　3,000,000	現金預金　3,000,000

　なお、支払額5,000,000円と賞与引当金3,000,000円の差額2,000,000円は、翌期の人件費（賞与）となります。

〈参考文献〉
・世田谷区（2020）「財務諸表作成要領」
・総務省（2019）「統一的な基準による地方公会計マニュアル（令和元年8月改訂）」
・東京都（2020）「財務諸表作成要領」
・東京都（2020）「東京都の新たな公会計制度解説書」（令和2年3月）
・町田市（2020）「資産照合表」

■ 第5章　一般会計等財務書類、全体財務書類及び 連結財務書類

　第5章では、地方公共団体が深く関与する団体及び事業の会計も含めた集団（連結グループ）を1つの会計単位と考える連結会計について説明します。連結精算表又は一般会計等財務書類、全体財務書類及び連結財務書類の各財務書類の注記によって、どのような団体や事業が含まれているのかを理解しましょう。また、設例によって、連結財務書類の指標を利用した、地方公共団体間の比較及び1つの地方公共団体の時系列での比較、さらには地方公共団体の一般会計等と全体会計及び連結財務書類とを比較する連単分析などを理解しましょう。

　連結グループ内同士で行われる取引は、価格の決定や取引のタイミングを任意で決定することができるため、ある1つの団体や事業の財務内容や業績を良く見せることができるという、いわゆる利益操作が可能となってしまいます。これを防止するために、連結グループ内で行われた取引はなかったものとみなして、連結集団ないしは連結グループを1つの会計単位として、連結グループの実態を明らかにする会計が連結会計です。連結会計は、営利組織である民間企業では主たる会計情報として位置づけられており、地方公共団体も連結会計を重要情報として開示するようになりました。

1．企業会計（営利企業）における連結財務諸表の作成目的

　株式会社に代表される営利企業では連結財務諸表が主たる会計情報となっています。連結財務諸表とは、支配従属関係にある2以上の企業からなる企業集団（連結グループ）を1つの組織体とみなして、親会社が当該企業集団の財政状態及び経営成績を報告するために作成する財務諸表です。支配従属関係とは、ある組織が他の組織の意思決定機関を支配しており、他の組織がその支配に従って経営活動を行う関係をいい、支配している会社は親会社、支配されている、すなわち従属している会社は子会社といいます。支配従属関係の有無の判定、言い換えると子会社に該当するか否かに関する判定については、実質的に支配しているか否かという支配力基準によって判断されます。株式会社では、株主総会が最高の意思決定機関なので、通常は議決権比率が50％超であれば、支配従属関係があると判断されますが、議決権比率に加え、例えば取締役会の意思決定に重要な影響を与えることができる程度といった他の要因も考慮し、実質的に支配従属関係があるか否かが判断されます。なお、支配従属関係にまでは至りませんが、意思決定機関に重要な影響を与える場合には、関連会社となり持分法が適用され連結財務諸表に計上されることになります。

　連結グループ内の企業間で行われた取引は、いわゆる仲間同士あるいは身内で行われた取引であり、当該取引は個別財務諸表の観点からは実際に行われた取引ではありますが、

連結財務諸表の観点からは取引自体が存在していないものとして取り扱われ相殺消去されるか、修正する必要がある取引として修正されます。連結グループ内では、親会社は子会社に自由に売れ残った商品を販売し売上高を計上することができる立場にあり、また、不要な固定資産を通常の価格よりも高額で販売することなどができてしまうことから、親会社は自由に利益操作を行うことが可能となってしまいます。このため、連結財務諸表を作成する際には、これらの取引について相殺消去や修正をする必要があります。具体例をあげると、親会社から子会社へ商品を販売した場合には、親会社の個別財務諸表では売上高が計上され、子会社の個別財務諸表では仕入が計上されます。個別財務諸表上では正しい会計処理ですが、支配従属関係があるので、連結財務諸表を作成する際には、売上高と仕入を相殺消去する必要があります。

このように、連結財務諸表は、連結グループ内で行われた取引を修正又は相殺消去した後の数値となっており、連結グループを1つの組織体とみなして、連結グループが連結グループの外部者と行った取引を純粋に表示しています。したがって、連結財務諸表の数値を分析することで、連結グループの観点から見た連結グループの総合的な分析をすることができます。

2．全体財務書類及び連結財務書類の作成目的

　地方公共団体においても、営利企業の連結財務諸表と同じことが当てはまります。地方公共団体、地方公共団体が経営する地方公営企業、地方公共団体が出資している関連団体、及び地方公共団体が主導的な立場を確保し運営している団体を連結して1つの行政サービス実施主体として捉えることにより、連結ベースでの公的資金の使用状況、資産及び負債に関する財政状態、資金収支の状況、行政サービスを提供することにより発生したコストの状況などを網羅的に明らかにすることができます。また、連結財務書類での資産に対する負債の比率や債務償還年数といった各種の財政指標を把握し分析することによって総合的な観点からの財政運営を管理することが可能となります。

3．財務書類の体系

一般会計等財務書類	全体財務書類	連結財務書類
貸借対照表	全体貸借対照表	連結貸借対照表
行政コスト計算書	全体行政コスト計算書	連結行政コスト計算書
純資産変動計算書	全体純資産変動計算書	連結純資産変動計算書
資金収支計算書	全体資金収支計算書	連結資金収支計算書
附属明細書	全体附属明細書	連結附属明細書

※行政コスト計算書と純資産変動計算書は結合して作成しても差し支えありません。

※連結資金収支計算書の作成は、事務的負担を考慮して省略することができます。[1]

※全体財務書類は、連結財務書類に準じて作成します。

4．会計の範囲（連結対象団体）

　会計の範囲については、一般会計等財務書類は、一般会計に特別会計の一部（地方公営事業会計以外の特別会計）を加えたものとなります。全体財務書類は、一般会計等に地方公営事業会計を加えたものとなっています。連結財務書類は、全体財務書類に地方公共団体が実質的に支配している（出資割合が50％以上など）又は影響力を有している（出資比率が25％以上など）団体を加えたものが範囲となります。

図表1　財務書類の対象となる団体（会計）

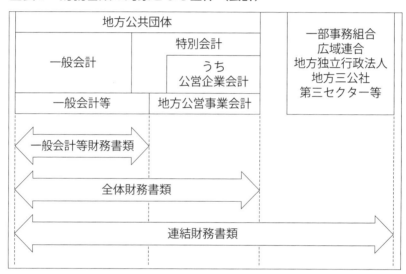

（出典：総務省（2019）「統一的な基準による地方公会計マニュアル（令和元年8月改訂）」168頁）

注（1）総務省（2019）「統一的な基準による地方公会計マニュアル（令和元年8月改訂）」174頁参照。

以下では、各財務書類とそれに含まれる団体及び事業と適用される会計基準の例を示します。

図表2　財務書類の対象となる団体及び事業と適用される会計基準の例

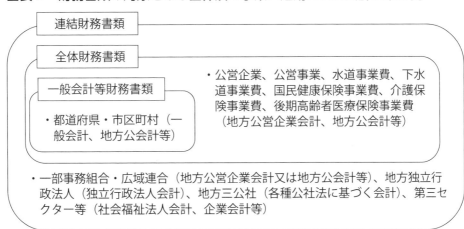

※カッコ書きは団体又は事業に適用される会計基準を表しています。

（出典：筆者作成）

連結財務書類の対象範囲（合算範囲）ですが、全部連結と比例連結に分けることができます。全部連結とは、連結対象団体（会計）の財務書類の全てを合算することをいい、比例連結とは、連結対象団体（会計）の財務書類を出資割合等に応じて合算することをいいます[2]。全体財務書類の作成までは全部連結となります。全体財務書類から連結財務書類を作成する場合は、一部事務組合・広域連合については、全部連結ではなく、経費負担割合等に応じて比例連結をします。地方独立行政法人及び地方三公社については、業務運営に対して実質的に主導的な立場を確保している地方公共団体が全部連結を行い、主導的な立場を確保していない場合は、出資割合や活動実態等に応じて比例連結を行います。第三セクター等については、出資割合が50％超又は出資割合が50％以下であっても業務運営に対して実質的に主導的な立場を確保している地方公共団体が全部連結を行い、主導的な立場を確保していない場合は、出資割合や活動実態等に応じて比例連結を行います。なお、第三セクター等の支配従属関係の判定は企業会計に準じて判断します[3]。

注（2）総務省（2019）「統一的な基準による地方公会計マニュアル」（令和元年8月改訂）169頁参照。
注（3）総務省（2019）「統一的な基準による地方公会計マニュアル」（令和元年8月改訂）172頁参照。

図表3　連結財務書類の対象範囲

	全部連結	比例連結
都道府県・市区町村	全部連結	―
一部事務組合・広域連合	―	比例連結
地方独立行政法人	全部連結	比例連結
地方三公社	全部連結	比例連結
第三セクター等	全部連結	比例連結

（出典：総務省（2019）「統一的な基準による地方公会計マニュアル（令和元年8月改訂）」168頁を筆者が一部修正）

5．連結財務書類の作成方法

（1）全体像

　仕訳帳に発生した取引を仕訳し、総勘定元帳に転記します。企業会計のように仕訳帳に直接仕訳を入力する場合もあれば、歳入歳出データ、歳計外現金データ及び各種原簿・台帳からデータを取り込み若しくは組み替えて仕訳帳に仕訳を行い総勘定元帳に転記する場合もあります。総勘定元帳の残高を合計した合計残高試算表を作成し、必要な決算整理を行うために精算表を作成し、各勘定科目の残高を各財務書類に振り分けることで、一般会計等財務書類が完成します。次いで、全体精算表において、一般会計等及び全体財務書類に含まれる会計を合算し、内部取引の相殺消去や修正を行い全体財務書類を作成します。さらに、連結精算表で全体財務書類に含まれる会計を合算し、内部取引の相殺消去や修正を行い連結財務書類を作成します。連結財務書類が完成するまでの一連の流れは以下になります。

図表4　財務書類の作成手順

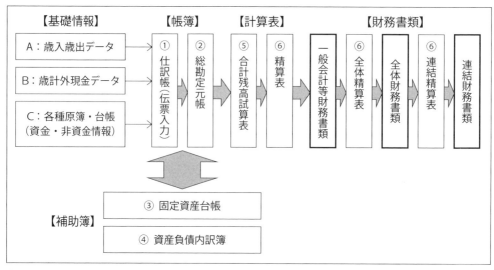

（出典：総務省（2019）「統一的な基準による地方公会計マニュアル（令和元年8月改訂）」34頁）

（2）藤沢市の連結精算表を例にしての説明

　連結精算表は附属明細書として作成が義務付けられている書類です。連結精算表は一般会計等、全体会計及び連結会計に含まれる団体及び事業が明らかとなり、さらに全体会計及び連結会計で相殺消去される金額も表示されるため全体像を把握できることから大変有用です。以下は平成30年度の藤沢市の連結精算表の貸借対照表の要約になります。一般会計等に含まれる会計団体又は事業は１つの団体及び３つの事業、全体会計にはさらに６事業が追加され、連結会計にはさらに10団体が追加され、連結会計が作成されています。

連結精算表（貸借対照表）一般会計等

単位：百万円

	一般会計	北部第二（三地区）土地区画管理事業費	墓園事業費	柄沢特定土地区画整理事業費	一般会計等（単純合算）	一般会計等相殺	一般会計等
【資産の部】							
有形固定資産	769,586	3,143	57,857	1,482	832,068	-	832,068
無形固定資産	463	-	-	-	463	-	463
投資その他の資産	55,276	-	899	-	56,175	-	56,175
現金預金	6,257	309	70	-	6,636	-	6,636
財政調整基金	10,011	-	-	-	10,011	-	10,011
その他の流動資産	1,215	64	3	-	1,282	-	1,282
資産合計	842,808	3,516	58,829	1,482	906,635	-	906,635
【負債の部】							
地方債等	64,301	3,639	-	1,263	69,203	-	69,202
その他の固定負債	20,184	-	-	-	20,184	-	20,184
一年内償還予定地方債	7,908	306	-	237	8,451	-	8,451
その他の流動負債	2,102	-	-	-	2,102	-	2,102
負債合計	94,495	3,945	0	1,500	99,940	-	99,940
【純資産の部】							
固定資産等形成分	835,337	3,143	58,757	1,482	898,718	-	898,718
余剰分（不足分）	△87,024	△3,571	73	△1,500	△92,023	-	△92,023
他団体出資等分	-	-	-	-	-	-	0
純資産合計	748,313	△428	58,830	△18	806,695	-	806,695
負債及び純資産合計	842,808	3,516	58,829	1,482	906,635	0	906,635

連結精算表（貸借対照表）全体

単位：百万円

	国民健康保険事業費	湘南台駐車場事業費	介護保険事業費	後期高齢者医療事業費	下水道事業費	市民病院事業	全体会計（単純合算）	全体会計修正	全体会計相殺	全体会計
【資産の部】										
有形固定資産	-	1,041	-	-	162,475	15,108	1,010,693	-	-	1,010,693
無形固定資産	22	-	-	-	457	514	1,456	-	-	1,456
投資その他の資産	2,512	-	2,195	23	11	499	61,414	△43,783	△400	17,232
現金預金	1,455	-	355	130	3,542	4,988	17,106	-	-	17,106
財政調整基金	-	-	-	-	-	-	10,011	-	-	10,011
その他の流動資産	636	-	33	22	1,204	3,056	6,232	-	-	6,232
資産合計	4,625	1,041	2,583	175	167,689	24,166	1,106,913	△43,783	△400	1,062,731
【負債の部】										
地方債等	-	78	-	-	46,091	11,875	127,246	-	-	127,246
その他の固定負債	165	-	167	25	57,409	3,700	81,651	-	-	81,651
一年内償還予定地方債	-	58	-	-	4,489	273	13,270	-	-	13,270
その他の流動負債	17	-	20	3	3,160	2,326	7,629	-	-	7,629
負債合計	182	136	187	28	111,149	18,175	229,796	-	△17	229,779
【純資産の部】										
固定資産等形成分	2,534	1,041	2,195	23	162,943	16,121	1,083,575	△43,783	△400	1,039,393
余剰分（不足分）	1,908	△136	202	124	△106,404	△10,131	△206,459	-	17	△206,442
他団体出資等分	-	-	-	-	-	-	-	-	-	0
純資産合計	4,443	906	2,396	147	56,540	5,991	877,117	△43,783	△383	832,951
負債及び純資産合計	4,625	1,041	2,583	175	167,689	24,166	1,106,913	△43,783	△400	1,062,731

連結精算表（貸借対照表）連結①

単位：百万円

	湘南産業振興財団	藤沢市保健医療財団	藤沢市まちづくり協会	藤沢市みらい創造財団	藤沢市開発経営公社	藤沢市興業公社	藤沢市民会館サービス・センター
【資産の部】							
有形固定資産	6	211	456	330	3,384	329	-
無形固定資産	-	13	1	-	480	20	-
投資その他の資産	417	909	955	1,043	1,717	177	-
現金預金	131	148	582	301	3,342	450	141
財政調整基金	-	-	-	-	-	-	-
その他の流動資産	12	98	112	62	6,983	200	24
資産合計	566	1,379	2,106	1,736	15,906	1,176	166
【負債の部】							
地方債等	-	-	390	15	-	-	-
その他の固定負債	126	254	280	523	614	199	49
一年内償還予定地方債	-	-	66	11	-	-	-
その他の流動負債	52	156	224	344	44	181	46

負債合計	178	410	960	893	658	380	95
【純資産の部】							
固定資産等形成分	424	1,133	1,412	1,373	5,723	526	-
余剰分（不足分）	△248	△464	△266	△811	9,526	△75	37
他団体出資等分	212	300	-	281	-	345	34
純資産合計	388	969	1,146	843	15,249	796	71
負債及び純資産合計	566	1,379	2,106	1,736	15,906	1,176	166

連結精算表（貸借対照表）連結②

単位：百万円

	藤沢市土地開発公社	藤沢市社会福祉協議会	神奈川県後期高齢者医療広域連合	連結会計（単純合算）	連結会計修正	連結会計相殺	連結会計
【資産の部】							
有形固定資産	-	4	-	1,015,412	-	△13	1,015,399
無形固定資産	-	0	0	1,972	-	-	1,972
投資その他の資産	-	441	603	23,495	△563	-	22,931
現金預金	1,177	200	369	23,947	-	354	24,301
財政調整基金	-	-	10	10,022	-	-	10,022
その他の流動資産	10,057	33	2	23,814	-	△397	23,416
資産合計	11,234	678	994	1,098,661	△563	△56	1,098,041
【負債の部】							
地方債等	5,653	-	-	133,304	-	-	133,304
その他の固定負債	47	240	-	83,965	-	-	83,965
一年内償還予定地方債	500	-	-	13,848	-	-	13,848
その他の流動負債	19	69	-	8,764	-	△44	8,720
負債合計	6,219	309	-	239,880	0	△44	239,837
【純資産の部】							
固定資産等形成分	-	448	613	1,051,044	△563	△13	1,050,468
余剰分（不足分）	5,014	△79	371	△193,438	-	-	△193,438
他団体出資等分	-	-	-	1,172	-	-	1,172
純資産合計	5,014	369	984	858,780	△563	△13	858,204
負債及び純資産合計	11,234	678	994	1,098,661	△563	△56	1,098,041

　藤沢市の連結精算表の貸借対照表の要約を見ると、一般会計等から全体会計へは、下水道事業費が有形固定資産及び地方債に関して大きな影響を与えています。下水道事業は大規模なインフラ資産を有しており、資金を地方債で調達していることが多いため、藤沢市特有というよりは、全国の地方公共団体についても同じことがいえるでしょう。次いで市民病院事業は有形固定資産、現金預金、地方債に影響を与えています。全体会計から連結会計へは藤沢市開発経営公社及び藤沢市土地開発公社が影響を与えています。両公社とも土地の取得・開発・区画整理・管理・譲渡などの事業を行っており、土地を販売目的とし

て所有しているので、土地を棚卸資産として計上することが特徴的です。上記の要約では棚卸資産はその他の流動資産として計上しているため、その他の流動資産が連結会計で増加しています。また、藤沢市土地開発公社の保有する地方債が連結会計に影響を与えています。これは土地の取得費用を地方債の発行により調達していると考えられます。

　藤沢市は比較的、全体財務書類の相殺消去や連結財務書類の修正及び相殺消去が少ない地方公共団体といえます。

　地方公共団体を連結の観点から見た場合に、例えば、どの団体や事業に借金である地方債が多くあるのかがわかるため、それらは本当に必要か否か、それらは有効に活用されているのか否か、を判断するための有用な情報源となります。

（3）連結財務書類の作成手順

　連結財務書類を作成するためには以下の手順に従い、連結の範囲に含まれる財務書類を全て合算し、最後に修正及び相殺消去を行います。

① まずは、連結の範囲に含める団体及び事業を決定します。

② 連結の範囲に含める団体又は事業が、法定決算書類として個別財務書類を作成していない場合には、個別財務書類を作成します。

③ 連結対象団体又は事業の会計基準は、統一的な基準、地方公営企業会計基準、社会福祉法人会計基準、企業会計基準と、適用される会計基準が異なることから、統一的な基準の連結財務書類の科目に揃えるため、表示科目の「法定決算書類の読替え」を行います。読替えは連結対象団体の財務書類ごとに作成された「連結科目対応表」を参考に行います。

図表5　連結財務書類の作成手順の概要

【例】連結科目対応表の例（抜粋）（土地開発公社の場合）

土地開発公社の貸借対照表における勘定科目		読替え	統一的な基準の連結貸借対照表における勘定科目	
流動資産	現金及び預金		流動資産	現金預金：A
	事業未収金	連結科目対応表	流動資産	未収金：B
	公有用地・代行用地等		流動資産	棚卸資産：C
有形固定資産	土地		有形固定資産	土地（事業用資産）：D
投資その他の資産	賃貸事業の用に供する土地		有形固定資産	土地（事業用資産）：E

　読み替えた結果を、連結精算表に転記します。

連結貸借対照表精算表

	一般会計等財務書類	…	連結財務書類	
			地方三公社	
	一般会計	…	土地開発公社	…
【資産の部】				
固定資産				
有形固定資産				
事業用資産				
土地			D、E	
流動資産				
現金預金			A	
未収金			B	
棚卸資産			C	

（出典：総務省（2019）「統一的な基準による地方公会計マニュアル（令和元年 8 月改訂）」182頁）

④　各法定決算書類を一般会計等財務書類の作成基準に揃えるために、会計処理を修正します。

⑤　連結の範囲に含まれる団体又は事業間の会計処理を統一し、出納期間中の現金の受払いといった「連結修正等」を行います。さらに、連結の範囲に含まれる団体又は事業間で行われた取引は連結会計上ではなかったことになるため内部取引として「相殺消去」を行います。これら、「連結修正等」、「相殺消去」をまとめて「連結仕訳（連結修正仕訳）」といいます。

図表6　連結内部取引の相殺消去の例

（出典：総務省（2019）「統一的な基準による地方公会計マニュアル（令和元年 8 月改訂）」188頁）

上記の相殺消去の連結仕訳は、貸借対照表［BS］の負債である地方債等及び資産である長期貸付金を減少させます。また、資金収支計算書［CF］の補助金等支出及び国県等補助金収入を減少させます。なお、補助金等支出及び国県等補助金収入を同額減少させているため、貸借対照表［BS］の現金預金の残高には影響はありません。連結仕訳を行うと以下になります。

借　方			貸　方		
勘　定　科　目		金　額	勘　定　科　目		金　額
［BS］　地方債等		250	［BS］　長期貸付金		250
［CF］　国県等補助金収入 ［BS］　（現金預金）		350	［CF］　補助金等支出 ［BS］　（現金預金）		350

相殺消去の典型的な例は以下になります。

図表7　相殺消去の典型的な類型

取引のパターン	必要となる相殺消去	
ア　投資と資本の相殺消去	（出資した側） ・貸借対照表の「投資及び出資金」の「出資金」または「その他」を減額 ・資金収支計算書の資金移動額を消去	（出資を受けた側） ・貸借対照表の「純資産の部」を減額 ・資金収支計算書の資金移動額を消去
イ　貸付金・借入金等の債権債務の相殺消去	（貸し付けた側） ・貸借対照表の「長期貸付金」または／及び「短期貸付金」を減額 ・資金収支計算書の資金移動額を消去	（借り入れた側） ・貸借対照表の「地方債等」または／及び「１年内償還予定地方債等」を減額 ・資金収支計算書の資金移動額を消去
ウ　補助金支出と補助金収入 （取引高の相殺消去）	（補助した側） ・行政コスト計算書の「補助金等」を減額 ・資金収支計算書の資金移動額を消去	（補助を受けた側） ・純資産変動計算書の「国県等補助金」を減額 ・資金収支計算書の資金移動額を消去
エ　会計間の繰入れ・繰出し （取引高の相殺消去）	（繰出した側） ・行政コスト計算書の「他会計への繰出金」を減額 ・資金収支計算書の資金移動額を消去	（繰入れた側） ・純資産変動計算書の「税収等」を減額 ・資金収支計算書の資金移動額を消去

オ　資産購入と売却の相殺消去 （取引高の相殺消去）	（売却した側） ・行政コスト計算書 　・売却損が生じた場合 　「資産除売却損」（資産売却損相当額）を減額 　・売却益が生じた場合 　「資産売却益」（資産売却益相当額）を減額 ・資金収支計算書 　売買取引相当額を「資産売却収入」から減額	（購入した側） ・貸借対照表 　・売却損が生じた場合 　資産売却損相当額を「有形固定資産」に加算 　・売却益が生じた場合 　資産売却益相当額を「有形固定資産」から減額 ・資金収支計算書 　売買取引相当額を「公共施設等整備費支出」から減額
カ　委託料の支払と受取 （取引高の相殺消去）	（委託した側） ・行政コスト計算書の「物件費」を減額 ・資金収支計算書の「物件費等支出」を減額	（受託した側） ・行政コスト計算書の「経常収益」の「その他」を減額 ・資金収支計算書の「業務収入」の「その他の収入」を減額
キ　利息の支払と受取 （取引高の相殺消去）	（利息を受け取った側） ・行政コスト計算書の「経常収益」の「その他」を減額 ・資金収支計算書の「業務収入」の「その他の収入」を減額	（利息を支払った側） ・行政コスト計算書の「支払利息」を減額 ・資金収支計算書の「支払利息支出」を減額

（出典：総務省（2019）「統一的な基準による地方公会計マニュアル（令和元年8月改訂）」193頁）

連結財務書類の作成手順をまとめると以下になります。

図表8　連結財務書類の作成手順の概要

	連結作業項目	作業概要
1	連結対象団体（会計）の決定	①　地方公営事業会計：全て全部連結 ②　一部事務組合・広域連合：全て比例連結 ③　地方独立行政法人及び地方三公社：全て全部連結または比例連結 ④　第三セクター等：出資割合等に応じて連結対象（全部連結または比例連結）かを判断。出資割合25％未満で損失補償等を付している等の重要性がない場合は比例連結の対象としないことも可能。
2	法定決算書類の取寄せまたは個別財務書類の作成	①　法定決算書類として貸借対照表等を作成している連結対象団体（会計）分を取り寄せ（法適用公営企業会計、地方独立行政法人、地方三公社、第三セクター等など） ②　法定決算書類として貸借対照表等を作成していない連結対象団体（会計）は一般会計等の作成要領に準拠して新たに個別財務書類を作成（法非適用の地方公営事業会計、一般会計型及び法非適用の公営事業型の一部事務組合・広域連合）

3	法定決算書類の読替え	①　法定決算書類ごとに異なる表示科目を統一的な基準の連結財務書類の科目に揃えるため、本手引きに示されている「連結科目対応表」などに基づき読替え
4	法定決算書類の連結修正等	①　各法定決算書類を一般会計等財務書類の作成基準に揃えるため、有形固定資産等の再評価等の会計処理方法を修正（任意） ②　出納整理期間中の取引は、現金の受払いが年度末までに完了したものとして調整
5	純計処理 （単純合算と内部取引の相殺消去等）	①　内部取引調査票により、連結対象団体（会計）内での取引の計上科目と金額の確定 ②　連結内部の取引高及び残高の相殺消去（連結対象内の取引を消す作業） ③　各連結対象団体（会計）の額を単純合算し、連結修正等及び相殺消去分を差し引いたのち、純計を算出

（出典：総務省(2019)「統一的な基準による地方公会計マニュアル（令和元年8月改訂）」180頁）

　連結財務書類は、各法定決算書類を単純合算し、連結仕訳の連結修正等及び相殺消去を合算することで完成します。また、連結仕訳の連結修正等及び相殺消去は各法定決算書類である個別財務書類には反映されていないため、過年度分も引き継いで合算する必要があります。この連結仕訳の連結修正等及び相殺消去の過年度分の累積を「開始仕訳」といいます。したがって、連結仕訳である連結修正等及び相殺消去は、過年度分の累計である開始仕訳と当期分の連結修正等及び相殺消去の2種類が存在します。

図表9　連結財務書類の作成手順の概要

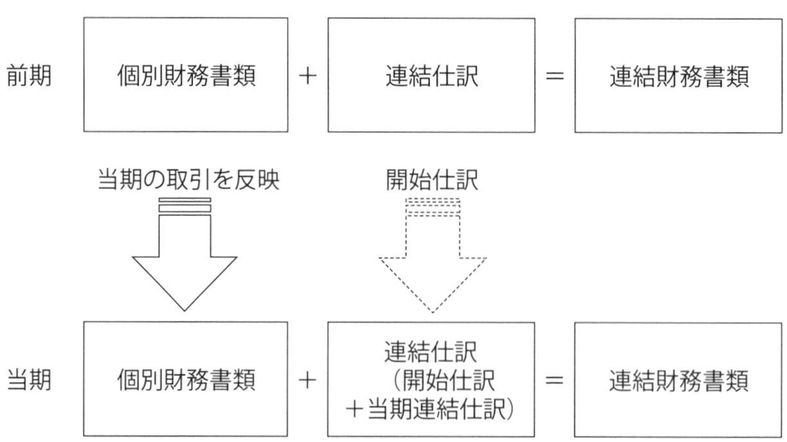

（出典：総務省（2019）「統一的な基準による地方公会計マニュアル（令和元年8月改訂）」187頁を筆者が一部修正）

（4）決算日（作成基準日）

　連結決算日は3月31日です。したがって、連結対象団体の決算日が3月31日と異なる場合には、3月31日を決算日として仮決算を行うことを原則としますが、決算日の差異が3ヶ月を超えない場合、当該決算日に基づく決算によって連結手続を行うことができます。

　なお、地方公共団体は、会計期間中に確定した未収及び未払となっている現金の出納を整理する出納整理期間（毎年4月1日から5月31日まで）を設け、現金の出納に関する取引の整理を行うことができます。出納整理期間に新たに歳入や歳出を行ってはいけません。

6．連結財務書類の分析

　連結財務書類の作成方法を理解し、どのように会計情報が作成されているのかを把握することで、より深い会計情報の分析及び利用が可能になるといえます。

　3つの設例を利用して、実際の地方公共団体の情報に基づいた会計数値の分析を実践してみましょう。地方公共団体間比較に用いる指標は第1部第1章19〜20頁に掲載されている指標を連結会計用にアレンジしました。指標の説明につきましては【設例1】の解説若しくは第1部第1章を参照してください。なお、当該指標は一般会計を対象としており、詳細な分析となっていますが連結財務書類の分析にも応用することが可能です。

【設例1】
　以下の平成30年度（会計期間は平成30年4月1日から平成31年3月31日）の各地方公共団体（自治体）に関する連結財務書類の数値を分析し、分析結果からわかることをまとめてみましょう。なお、人口は平成31年4月1日時点のものです。

【資料】
　金額の単位は百万円、人口の単位は人としています。端数処理は解答用紙の表示単位で、小数点以下第1位未満を切り捨てます。（例：54.37%→54.3%）なお、収入対地方債比率のみ表示単位で、小数点以下第2位未満を切り捨てます。（例：0.567年→0.56年）

指標	藤沢市	町田市	海老名市	佐久市
BS 資産合計	1,098,041	860,719	267,489	329,202
BS 事業用資産	486,874	270,266	99,369	103,399
BS インフラ資産	504,757	544,910	146,473	159,767
BS 基金	15,122	16,139	7,463	22,810
BS 有形固定資産合計	1,015,399	820,937	246,789	268,153
BS 負債合計	239,837	276,151	79,653	121,410
BS 地方債残高合計（流動・固定）	147,152	134,597	44,658	76,044

PL 支払利息	1,789	1,717	441	820
PL 収入合計	258,004	271,458	70,420	78,464
PL 費用合計	257,746	276,625	67,232	74,276
人口（単位：人）	433,060	428,706	133,353	98,867
CF 業務活動収支※	13,159	-	3,878	-

※佐久市及び町田市は「統一的な基準による地方公会計マニュアル　連結財務書類作成手引き　第35項」の規定に基づき連結資金収支計算書を作成していないため、連結資金収支計算書に基づく指標「債務償還年数」は該当なしとしました。

【指標と計算式等】

	指標	計算式等
1	①資産の構成比：事業用資産	BS 事業用資産÷ BS 資産合計
	②資産の構成比：インフラ資産	BS インフラ資産÷ BS 資産合計
	③資産の構成比：基金	BS 基金÷ BS 資産合計
2	資産に対する負債の比率	BS 負債合計÷ BS 資産合計
3	有形固定資産に対する負債の比率	BS 負債合計÷ BS 有形固定資産合計
4	地方債残高に対する支払利息の比率	PL 支払利息÷ BS 地方債（固定・流動）
5	費用に対する収入（税収等を含む）の比率	PL 収入合計（税収等を含む）÷ PL 費用合計
6	①人口当たりの収入（税収等を含む）	PL 収入合計÷人口
	②人口当たりの費用	PL 費用合計÷人口
7	収入対地方債比率	BS 地方債（固定・流動）÷ PL 収入合計（税収等を含む）
8	債務償還年数	BS 地方債（固定・流動）÷ CF 業務活動収支

※ PL 収入合計（税収等を含む）は、連結行政コスト計算書の経常収益、臨時利益及び連結純資産変動計算書の税収等、国県等補助金の合計としています。
※ PL 費用合計は連結行政コスト計算書の経常費用と臨時損失の合計としています。

【解答用紙】

	指標	藤沢市	町田市	海老名市	佐久市
1	①資産の構成比：事業用資産	（　　　）%	（　　　）%	（　　　）%	（　　　）%
	②資産の構成比：インフラ資産	（　　　）%	（　　　）%	（　　　）%	（　　　）%
	③資産の構成比：基金	（　　　）%	（　　　）%	（　　　）%	（　　　）%
2	資産に対する負債の比率	（　　　）%	（　　　）%	（　　　）%	（　　　）%
3	有形固定資産に対する負債の比率	（　　　）%	（　　　）%	（　　　）%	（　　　）%
4	地方債残高に対する支払利息の比率	（　　　）%	（　　　）%	（　　　）%	（　　　）%

5	費用に対する収入（税収等を含む）の比率	（ ）%	（ ）%	（ ）%	（ ）%
6	①人口当たりの収入（税収等を含む）	（ ）円	（ ）円	（ ）円	（ ）円
	②人口当たりの費用	（ ）円	（ ）円	（ ）円	（ ）円
7	収入対地方債比率	（ ）年	（ ）年	（ ）年	（ ）年
8	債務償還年数	（ ）年	-	（ ）年	-

　上記財務指標を算出した後に、それぞれの地方公共団体を分析してみましょう。箇条書きでも構いません。気づいたことを書いてみましょう。

【指標に対するコメント】

【解答】

	指標	藤沢市	町田市	海老名市	佐久市
1	①資産の構成比：事業用資産	44.3%	31.4%	37.1%	31.4%
	②資産の構成比：インフラ資産	45.9%	63.3%	54.7%	48.5%
	③資産の構成比：基金	1.3%	1.8%	2.7%	6.9%
2	資産に対する負債の比率	21.8%	32.0%	29.7%	36.8%
3	有形固定資産に対する負債の比率	23.6%	33.6%	32.2%	45.2%
4	地方債残高に対する支払利息の比率	1.2%	1.2%	0.9%	1.0%
5	費用に対する収入（税収等を含む）の比率	100.1%	98.1%	104.7%	105.6%
6	①人口当たりの収入（税収等を含む）	595,769円	633,203円	528,072円	793,631円
	②人口当たりの費用	595,173円	645,255円	504,165円	751,271円
7	収入対地方債比率	0.57年	0.49年	0.63年	0.96年
8	債務償還年数	11.1年	-	11.5年	-

【指標に対するコメント例】

町田市と海老名市のインフラ資産の比率が高いということは、公園や下水道の整備が行き届いているとも捉えることができ、自治体の特徴を表しています。資産に対する負債の比率及び地方債に対する支払利息の比率をみると4自治体とも健全な水準といえます。佐久市の資産に対する負債の比率が一番高い理由は、他の自治体に比べて資産合計に対する地方債の割合が高い点にあるといえます。また、有形固定資産に対する負債の比率が他の自治体に比べて高い要因は、有形固定資産以外に保有する資産が多いことだと考えられます。これは基金に対する資産の構成比が高くなっていることと整合的です。費用に対する収入の比率は全ての自治体においてバランスが取れており、収入で費用が賄われているといえます。人口当たりの収入及び費用は各自治体によってばらつきがありますが、収入に応じた行政サービスが実施できていると判断できます。佐久市は収入対地方債比率が0.96年と一番高い水準となっていますが、地方債に対する支払利息の比率や費用に対する収入の比率を考慮すると、地方債の償還に問題はないといえます。4つの人口が異なる自治体ではありますが、百分率で比較し検討すると、健全に自治体運営がなされているといえます。

【解答解説】

	指標	藤沢市	町田市	海老名市	佐久市
1	①	$\dfrac{486,874}{1,098,041}\times100=$ 44.3%	$\dfrac{270,266}{860,719}\times100=$ 31.4%	$\dfrac{99,369}{267,489}\times100=$ 37.1%	$\dfrac{103,399}{329,202}\times100=$ 31.4%
	②	$\dfrac{504,757}{1,098,041}\times100=$ 45.9%	$\dfrac{544,910}{860,719}\times100=$ 63.3%	$\dfrac{146,473}{267,489}\times100=$ 54.7%	$\dfrac{159,767}{329,202}\times100=$ 48.5%
	③	$\dfrac{15,122}{1,098,041}\times100=$ 1.3%	$\dfrac{16,139}{860,719}\times100=$ 1.8%	$\dfrac{7,463}{267,489}\times100=$ 2.7%	$\dfrac{22,810}{329,202}\times100=$ 6.9%
2		$\dfrac{239,837}{1,098,041}\times100=$ 21.8%	$\dfrac{276,151}{860,719}\times100=$ 32.0%	$\dfrac{79,653}{267,489}\times100=$ 29.7%	$\dfrac{121,410}{329,202}\times100=$ 36.8%
3		$\dfrac{239,837}{1,015,399}\times100=$ 23.6%	$\dfrac{276,151}{820,937}\times100=$ 33.6%	$\dfrac{79,653}{246,789}\times100=$ 32.2%	$\dfrac{121,410}{268,153}\times100=$ 45.2%
4		$\dfrac{1,789}{147,152}\times100=$ 1.2%	$\dfrac{1,717}{134,597}\times100=$ 1.2%	$\dfrac{441}{44,658}\times100=$ 0.9%	$\dfrac{820}{76,044}\times100=$ 1.0%
5		$\dfrac{258,004}{257,746}\times100=$ 100.1%	$\dfrac{271,458}{276,625}\times100=$ 98.1%	$\dfrac{70,420}{67,232}\times100=$ 104.7%	$\dfrac{78,464}{74,276}\times100=$ 105.6%

6	①	$\dfrac{258,004}{433,060}\times 1,000,000=595,769$円	$\dfrac{271,458}{428,706}\times 1,000,000=633,203$円	$\dfrac{70,420}{133,353}\times 1,000,000=528,072$円	$\dfrac{78,464}{98,867}\times 1,000,000=793,631$円
	②	$\dfrac{257,746}{433,060}\times 1,000,000=595,173$円	$\dfrac{276,625}{428,706}\times 1,000,000=645,255$円	$\dfrac{67,232}{133,353}\times 1,000,000=504,165$円	$\dfrac{74,276}{98,867}\times 1,000,000=751,271$円
7		$\dfrac{147,152}{258,004}=0.57$年	$\dfrac{134,597}{271,458}=0.49$年	$\dfrac{44,658}{70,420}=0.63$年	$\dfrac{76,044}{78,464}=0.96$年
8		$\dfrac{147,152}{13,159}=11.1$年	–	$\dfrac{44,658}{3,878}=11.5$年	–

　4つの自治体を比較すると、資産に対する負債の比率や収入対地方債比率が突出しているなど、佐久市の負債及び地方債の大きさが目につきます。指標例にはありませんが、資産合計に対する地方債の割合（地方債残高合計÷資産合計）を見ると、藤沢市は13.4%、町田市は15.6%、海老名市は16.6%、佐久市は23.0%となります。しかしながら、地方債残高に対する支払利息の比率も低い水準といえますし、費用に対する収入（税収等を含む）の比率も100%を超えているので、財務健全性は保たれているといえます。また、人口当たりの収入（税収等を含む）及び費用は、各自治体でばらつきがありますが、予算を策定する段階で収入（歳入）に応じた費用（歳出）を計算しているため、こちらの指標は100%前後であれば問題ないといえるでしょう。

【指標の内容】

	指標	内容
1	①資産の構成比：事業用資産	自治体の資産の構成割合を説明する指標。
	②資産の構成比：インフラ資産	
	③資産の構成比：基金	
2	資産に対する負債の比率	自治体の保有する資産が将来の負担である負債で賄われている割合を説明する指標。
3	有形固定資産に対する負債の比率	社会資本である有形固定資産と負債の状況を説明する指標。
4	地方債残高に対する支払利息の比率	負債に対する支払利息の割合を説明する指標。
5	費用に対する収入（税収等を含む）の比率	当期の行政サービス提供（費用）に対する現世代の負担割合を説明する指標。
6	①人口当たりの収入（税収等を含む）	当期の行政サービス提供（費用）と当期の負担（収入）の規模を人口当たりで説明する指標。
	②人口当たりの費用	

7	収入対地方債比率	財政の持続可能性の指標。地方債が収入の何年分あるかを意味します。
8	債務償還年数	債務償還能力を示す指標。地方債の償還年数以下であることが必要です。

（出典：新公会計制度普及促進連絡会議（2019）「検討部会報告書」17頁（1〜6）、収入対地方債比率及び債務償還年数については第1部第1章筆者作成）

【設例2】

　佐久市の平成28年度から平成30年度の連結財務書類について時系列で分析してみましょう。なお、平成30年度に関しては、【設例1】の数値を使用し、連結資金収支計算書が関係する指標は省略します。

【資料】佐久市連結財務書類から必要な数値を抜粋

　金額の単位は百万円、人口の単位は人としています。端数処理は解答用紙の表示単位で、小数点以下第1位未満を切り捨てます（例：54.37%→54.3%）。なお、収入対地方債比率のみ表示単位で、小数点以下第2位未満を切り捨てます（例：0.567年→0.56年）。

指標	H28年度	H29年度	H30年度
BS 資産合計	330,510	329,191	329,202
BS 事業用資産	100,937	101,960	103,399
BS インフラ資産	163,755	160,914	159,767
BS 基金	22,510	23,586	22,810
BS 有形固定資産合計	269,870	267,772	268,153
BS 負債合計	133,105	126,504	121,410
BS 地方債残高合計（流動・固定）	84,335	79,962	76,044
PL 支払利息	1,026	920	820
PL 収入合計（税収等を含む）	72,204	80,531	78,464
PL 費用合計	73,222	76,641	74,276
人口（単位：人）	99,429	99,096	98,867

※ PL 収入合計（税収等を含む）は、連結行政コスト計算書の経常収益、臨時利益及び連結純資産変動計算書の税収等、国県等補助金の合計としています。
※ PL 費用合計は経常費用と臨時損失の合計としています。

【指標と計算式等】

	指標	計算式等
1	①資産の構成比：事業用資産	BS 事業用資産÷BS 資産合計
	②資産の構成比：インフラ資産	BS インフラ資産÷BS 資産合計
	③資産の構成比：基金	BS 基金÷BS 資産合計
2	資産に対する負債の比率	BS 負債合計÷BS 資産合計
3	有形固定資産に対する負債の比率	BS 負債合計÷BS 有形固定資産合計

4	地方債残高に対する支払利息の比率	PL 支払利息÷ BS 地方債（固定・流動）
5	費用に対する収入（税収等を含む）の比率	PL 収入合計（税収等を含む）÷ PL 費用合計
6	①人口当たりの収入（税収等を含む）	PL 収入合計÷人口
	②人口当たりの費用	PL 費用合計÷人口
7	収入対地方債比率	BS 地方債（固定・流動）÷ PL 収入合計（税収等を含む）

【解答用紙】

	指標	H28年度	H29年度	H30年度
1	①資産の構成比：事業用資産	（　　）%	（　　）%	（　　）%
	②資産の構成比：インフラ資産	（　　）%	（　　）%	（　　）%
	③資産の構成比：基金	（　　）%	（　　）%	（　　）%
2	資産に対する負債の比率	（　　）%	（　　）%	（　　）%
3	有形固定資産に対する負債の比率	（　　）%	（　　）%	（　　）%
4	地方債残高に対する支払利息の比率	（　　）%	（　　）%	（　　）%
5	費用に対する収入（税収等を含む）の比率	（　　）%	（　　）%	（　　）%
6	①人口当たりの収入（税収等を含む）	（　　）円	（　　）円	（　　）円
	②人口当たりの費用	（　　）円	（　　）円	（　　）円
7	収入対地方債比率	（　　）年	（　　）年	（　　）年

【指標に対するコメント】

【解答】

	指標	H28年度	H29年度	H30年度
1	①資産の構成比：事業用資産	30.5%	30.9%	31.4%
	②資産の構成比：インフラ資産	49.5%	48.8%	48.5%
	③資産の構成比：基金	6.8%	7.1%	6.9%
2	資産に対する負債の比率	40.2%	38.4%	36.8%
3	有形固定資産に対する負債の比率	49.3%	47.2%	45.2%
4	地方債残高に対する支払利息の比率	1.2%	1.1%	1.0%
5	費用に対する収入（税収等を含む）の比率	98.6%	105.0%	105.6%
6	①人口当たりの収入（税収等を含む）	726,186円	812,656円	793,631円
	②人口当たりの費用	736,424円	773,401円	751,271円
7	収入対地方債比率	1.16年	0.99年	0.96年

【指標に対するコメント例】

指標全体として安定して推移しています。資産の内訳の比率は大きな変動がなく安定し運営されています。資産に対する負債の比率が減少傾向にあり、収入対地方債比率は短くなっており、地方債残高に対する支払利息の比率も減少しています。さらには有形固定資産に対する負債の比率も減少しています。これらの指標から、着実に負債、特に有利子負債である地方債が減少しており、健全な市政運営が行われていることがわかります。資料より実際の金額の推移を見ても、資産合計は横ばいであるにもかかわらず、負債合計及び地方債残高合計、さらに、支払利息は減少しており、有利子負債である地方債が着実に減少していく財政運営が実践されているといえます。収入合計及び費用合計は安定して推移しているといえ、また、常に収入合計が上回って運営されており、連結ベースの財政であっても黒字運営を心がけていることがわかります。

【解答解説】

	指標	H28年度	H29年度	H30年度
1	①	$\dfrac{100,937}{330,510} \times 100 = 30.5\%$	$\dfrac{101,960}{329,191} \times 100 = 30.9\%$	$\dfrac{103,399}{329,202} \times 100 = 31.4\%$
	②	$\dfrac{163,755}{330,510} \times 100 = 49.5\%$	$\dfrac{160,914}{329,191} \times 100 = 48.8\%$	$\dfrac{159,767}{329,202} \times 100 = 48.5\%$
	③	$\dfrac{22,510}{330,510} \times 100 = 6.8\%$	$\dfrac{23,586}{329,191} \times 100 = 7.1\%$	$\dfrac{22,810}{329,202} \times 100 = 6.9\%$
2		$\dfrac{133,105}{330,510} \times 100 = 40.2\%$	$\dfrac{126,504}{329,191} \times 100 = 38.4\%$	$\dfrac{121,410}{329,202} \times 100 = 36.8\%$

		年度1	年度2	年度3
3		$\dfrac{133,105}{269,870}\times100=49.3\%$	$\dfrac{126,504}{267,772}\times100=47.2\%$	$\dfrac{121,410}{268,153}\times100=45.2\%$
4		$\dfrac{1,026}{84,335}\times100=1.2\%$	$\dfrac{920}{79,962}\times100=1.1\%$	$\dfrac{820}{76,044}\times100=1.0\%$
5		$\dfrac{72,204}{73,222}\times100=98.6\%$	$\dfrac{80,531}{76,641}\times100=105.0\%$	$\dfrac{78,464}{74,276}\times100=105.6\%$
6	①	$\dfrac{72,204}{99,429}\times1,000,000=$ 726,186円	$\dfrac{80,531}{99,096}\times1,000,000=$ 812,656円	$\dfrac{78,464}{98,867}\times1,000,000=$ 793,631円
	②	$\dfrac{73,222}{99,429}\times1,000,000=$ 736,424円	$\dfrac{76,641}{99,096}\times1,000,000=$ 773,401円	$\dfrac{74,276}{98,867}\times1,000,000=$ 751,271円
7		$\dfrac{84,335}{72,204}=1.16$年	$\dfrac{79,962}{80,531}=0.99$年	$\dfrac{76,044}{78,464}=0.96$年

　3年間の推移をみると、大きな指標の変動がなく、安定して市政運営がなされていることがわかります。また、着実に地方債を圧縮する運営となっており、大変望ましい財政であることがわかります。

【設例3】
　第5章5．（2）（133頁）で例として掲載しました藤沢市の平成30年度の連結精算表（貸借対照表の概要）に関して、一般会計等、全体会計、連結会計を比較してみましょう。一般会計等に対する全体会計及び連結会計の比率を考えることによって、全体会計と連結会計は一般会計等に対してどの程度金額が大きくなるのかを見ていきます。貸借対照表（BS）の変動額、純資産変動計算書（NW）及び行政コスト計算書（PL）の変動額にも注目し、以下の連単指標を計算したうえで、藤沢市の連結財務書類を分析してみましょう。
　端数処理につきましては、小数点以下第3位未満を切り捨てて、小数点以下第2位まで表示します。

【資料】

	A 一般会計等	B 全体会計	C 連結会計	C－B 変動額	B－A 変動額	C－A 変動額
【資産の部】						
有形固定資産	832,068	1,010,693	1,015,399	4,706	178,625	183,331
無形固定資産	463	1,456	1,972	516	993	1,509
投資その他の資産	56,175	17,232	22,931	5,700	-38,943	-33,243
現金預金	6,636	17,106	24,301	7,195	10,470	17,665
財政調整基金	10,011	10,011	10,022	11	0	11
その他の流動資産	1,282	6,232	23,416	17,184	4,950	22,134

資産合計	906,635	1,062,731	1,098,041	35,310	156,096	191,406
【負債の部】						
地方債等	69,202	127,246	133,304	6,058	58,044	64,102
その他の固定負債	20,184	81,651	83,983	2,332	61,467	63,799
一年内償還予定地方債	8,451	13,270	13,847	577	4,819	5,396
その他の流動負債	2,102	7,629	8,720	1,091	5,527	6,618
負債合計	99,940	229,779	239,837	10,058	129,839	139,897
【純資産の部】						
固定資産等形成分	898,718	1,039,393	1,050,468	11,075	140,675	151,750
余剰分（不足分）	△92,023	△206,442	△193,438	13,004	△114,419	△101,415
他団体出資等分	0	0	1,172	1,172	0	1,172
純資産合計	806,695	832,951	858,204	25,253	26,256	51,509
負債及び純資産合計	906,635	1,062,731	1,098,041	35,310	156,096	191,406

その他の指標

（単位：金額は百万円、人は円）

BS以外の指標	一般会計等	全体会計	連結会計
NW財源（税収等及び国県等補助金）	126,035	191,087	224,820
NW本年度差額	2,046	130	257
PL収入合計（税収等を含む）	126,152	222,395	258,004
PL費用合計	131,229	222,265	257,746
人口（単位：人）	433,060	433,060	433,060
CF業務活動収支	9,774	13,165	13,159

※ PL収入合計（税収等を含む）は、連結行政コスト計算書の経常収益、臨時利益及び連結純資産変動計算書の税収等、国県等補助金の合計としています。

※ PL費用合計は経常費用と臨時損失の合計としています。

【解答用紙】

	指標（連単比率）	計算式 全体会計 / 一般会計等	計算式 連結会計 / 一般会計等
1	有形固定資産	（　　　　）倍	（　　　　）倍
2	現金預金	（　　　　）倍	（　　　　）倍
3	資産合計	（　　　　）倍	（　　　　）倍
4	地方債等合計（地方債等＋一年内償還予定地方債）	（　　　　）倍	（　　　　）倍
5	負債合計	（　　　　）倍	（　　　　）倍
6	純資産合計	（　　　　）倍	（　　　　）倍
7	NW財源（税収等及び国県等補助金）	（　　　　）倍	（　　　　）倍
8	NW本年度差額	（　　　　）倍	（　　　　）倍
9	PL収入合計（税収等を含む）	（　　　　）倍	（　　　　）倍

| 10 | PL 費用合計 | （　　　　）倍 | （　　　　）倍 |
| 11 | CF 業務活動収支 | （　　　　）倍 | （　　　　）倍 |

【指標に対するコメント】

【解答】

	指標（連単比率）	計算式 全体会計 一般会計等	計算式 連結会計 一般会計等
1	有形固定資産	1.21倍	1.22倍
2	現金預金	2.57倍	3.66倍
3	資産合計	1.17倍	1.21倍
4	地方債等合計（地方債等＋一年内償還予定地方債）	1.80倍	1.89倍
5	負債合計	2.29倍	2.39倍
6	純資産合計	1.03倍	1.06倍
7	NW 財源（税収等及び国県等補助金）	1.51倍	1.78倍
8	NW 本年度差額	0.06倍	0.12倍
9	PL 収入合計（税収等を含む）	1.76倍	2.04倍
10	PL 費用合計	1.69倍	1.96倍
11	CF 業務活動収支	1.34倍	1.34倍

【指標に対するコメント例】

貸借対照表に関する指標は全体的に、一般会計等に対する全体会計の割合と、一般会計等に対する連結会計の割合がほとんど同じといえます。これは、一般会計等から全体会計へ

の合算数値が大きく、全体会計から連結会計への合算数値が少ないことを意味します。問題にある資料のＣ－Ｂ（連結会計－全体会計）の変動額は小さく、Ｂ－Ａ（全体会計－一般会計等）の変動額が大きい事からもわかります。すなわち、連結会計に含まれる数値の多くは、全体会計に含まれる団体や事業によって構成されているとわかります。この傾向は、財源（税収等及び国県等補助金）及び収益合計、費用合計にもあてはまります。本年度差額は全体会計がマイナスを計上した結果、一般会計等で計上されたプラスを相殺していますが、連結全体でみても、プラスであるため、単年度ベースで黒字財政であり、健全な運営がなされているといえます。

【解答解説】

指標（連単比率）	計算式 全体会計／一般会計等	計算式 連結会計／一般会計等
1 有形固定資産	$\dfrac{1,010,693}{832,068}=1.21倍$	$\dfrac{1,015,399}{832,068}=1.22倍$
2 現金預金	$\dfrac{17,106}{6,636}=2.57倍$	$\dfrac{24,301}{6,636}=3.66倍$
3 資産合計	$\dfrac{1,062,731}{906,635}=1.17倍$	$\dfrac{1,098,041}{906,635}=1.21倍$
4 地方債等合計（地方債等＋一年内償還予定地方債）	$\dfrac{127,246+13,270}{69,202+8,451}=1.80倍$	$\dfrac{133,304+13,847}{69,202+8,451}=1.89倍$
5 負債合計	$\dfrac{229,779}{99,940}=2.29倍$	$\dfrac{239,837}{99,940}=2.39倍$
6 純資産合計	$\dfrac{832,951}{806,695}=1.03倍$	$\dfrac{858,204}{806,695}=1.06倍$
7 NW財源（税収等及び国県等補助金）	$\dfrac{191,087}{126,035}=1.51倍$	$\dfrac{224,820}{126,035}=1.78倍$
8 NW本年度差額	$\dfrac{130}{2,046}=0.06倍$	$\dfrac{257}{2,046}=0.12倍$
9 PL収入合計（税収等を含む）	$\dfrac{222,395}{126,152}=1.76倍$	$\dfrac{258,004}{126,152}=2.04倍$
10 PL費用合計	$\dfrac{222,265}{131,229}=1.69倍$	$\dfrac{257,746}{131,229}=1.96倍$
11 CF業務活動収支	$\dfrac{13,165}{9,774}=1.34倍$	$\dfrac{13,159}{9,774}=1.34倍$

分母に基準となる一般会計等の数値をとり、分子を全体会計及び連結会計の数値としました。これは企業会計でいう分母に親会社の単体の数値を、分子に連結財務諸表の数値を使用する連単倍率の考え方になります。連単倍率が１に近いと、連結財務諸表に対する親会社の影響が大きく、反対に連単倍率が大きくなると連結グループ（企業集団）を構成す

る子会社の影響が大きくなるといえます。同様のことが地方公会計にもあてはまります。地方公会計は、保険事業や下水道事業が全体会計で追加されるため、一般会計等に比べて全体会計及び連結会計の倍率が高くなります。全体会計及び連結会計を比較し、倍率が大きく動かない場合には、第三セクター等の団体の影響が少ないといえます。

　地方公共団体は概して、全体会計に含まれる公営企業、公営事業、水道事業費、下水道事業費、国民健康保険事業費、介護保険事業費などが連結会計に対して与える影響が大きいと考えられます。

　藤沢市の全体会計と連結会計で合算されている団体や事業につきましては、第5章5．（2）を解説も含めて確認してみてください。

　本年度差額は、税収等及び国県等補助金から行政コスト計算書で計算される純行政コストを控除したものであり、企業会計でいうところの当期純利益となります。参考になりますが、平成30年度の本年度差額に関して、藤沢市のホームページにあります連結精算表をみますと、国民健康保険事業費が△1,060百万円、介護保険事業費が△469百万円、市民病院事業が△597百万円となっており、赤字の主な要因がわかります。また、藤沢市の平成29年度の本年度差額は、一般会計等は2,180百万円、全体会計は1,561百万円、連結会計は1,474百万円となっており、平成30年度と同様に全体会計及び連結会計はマイナスであり一般会計等のプラスを消費しています。

7．まとめ

　歳入歳出という従来の現金主義による官庁会計主体の分析や、一般会計等や、公営企業を含めた全体財務書類に関する分析は各地方公共団体で行われており、決算に基づく健全化判断比率（実質赤字比率、連結実質赤字比率、実質公債費比率及び将来負担比率の4指標）及び公営企業の資金不足比率がホームページで公表されています。しかし、統一基準が適用され、発生主義ベースの会計に代わってから日が浅いこともあり、連結財務書類ベースの分析となるとまだまだ不足しているように思います。地方公共団体によっては、連結する前の一般会計等と全体会計、さらには連結会計との間で変動が大きくなる数値もあり、当該地方公共団体の特徴が表れるといえることから、連結の範囲を考えた地方公共団体運営を心がけるようにして頂きたいと思います。

　地方公共団体の会計分析は、利益を成果とすることができないため、他の地方公共団体の指標との比較が中心とならざるを得ない状況です。さらに地方公共団体は地域による特徴が異なることから一概に比較することは難しいといえます。しかしながら、何らかの業績評価をしなければならず、地方公共団体の運営に関して効率的か否か、ムダはないか、あるいは政策の途中経過を観察できるように情報を開示する必要性も地方公共団体は請け負っているといえます。ムダを発見し、ムダを削減するためにもムダを見える化（可視化）

する必要があり、住民が理解できる会計とする必要性もあります。地方公共団体の会計分析は地方公共団体の業績を判断する1つの方法に過ぎないことも念頭に置きつつ、人口減少期を迎える日本の各地方公共団体がそれぞれの置かれた状況を踏まえた運営を行うための1つのツールとして連結ベースの会計分析を取り入れて頂きたいと願っております。

〈参考文献〉
・一般社団法人青山公会計公監査研究機構編（2018）『自治体連結経営のための会計・公監査ガイドブック』同文館
・柏木恵・天川竜治（2017）『図解 よくわかる自治体公会計のしくみ』学陽書房
・小西砂千夫（2018）『自治体財政の知恵袋―議会答弁や住民説明に役立つ』ぎょうせい
・新公会計制度普及促進連絡会議（2019）「検討部会報告書」
・総務省（2019）「統一的な基準による地方公会計マニュアル（令和元年8月改訂）」

第３部　複式簿記編

　第３部では、複式簿記について学習し、仕訳を行い、仕訳を総勘定元帳に転記して、総勘定元帳から合計残高試算表を作成し、公表される財務書類の貸借対照表、行政コスト計算書、純資産変動計算書、資金収支計算書を作成することを目標とします。

　会計は仕訳に始まり仕訳に終わると言われます。会計や簿記を理解するためには仕訳をマスターすることが必須となります。複式簿記の仕訳の考え方は、企業会計で行われている仕訳の考え方がベースとなっています。しかしながら、地方公会計の複式簿記は仕訳から資金収支計算書（企業会計のキャッシュ・フロー計算書に該当します）も作成するため、若干の修正が必要です。

　会計が嫌いになる最大の理由は仕訳がわからない、理解できない、受け付けないという心理にあると思われます。これは、会計の勉強をスタートした時点でのちょっとしたつまずきが原因となっていることが多いと感じています。本編では、複式簿記の仕訳の考え方を順を追ってビジュアル化しました。イメージとしては、仕訳をする際に頭で考える順番を言葉で表現しました。ステップに従って仕訳と総勘定元帳への転記をマスターすれば、財務書類を作成することができます。

■ 第1章　簿記と財務書類

1．簿記の方法と計上基準

　地方公共団体は以前より、現金主義による単式簿記によって経理が行われていました。しかしながら、組織の期末日時点における資産と負債の状態といったストック情報や、1年間の活動の成果を把握する観点から税収と行政コストに関する情報が必要であることから、民間企業が採用している発生主義による複式簿記という企業会計の考え方に合わせていくことになりました。

（1）現金主義

　現金主義とは、収益または歳入及び費用または歳出を、現金の収入及び支出があった時に取引があったとして会計帳簿に反映させることをいいます。現金のみならず普通預金等の現金同等物も含まれます。

　　長所：現金収支により収益及び費用を計上するため、客観性、確実性が確保されます。

　　短所：減価償却費といった非現金支出費用を把握することができません。

（2）発生主義

　発生主義とは、収益及び費用を、会計上の取引が発生したとみなされる経済的事象が発生した時に会計帳簿に反映させることをいいます。取引をする場合に現金収支は、取引時点、取引よりも前、取引よりも後になりますが、発生主義では会計帳簿への記帳は、現金収支とは切り離して考えます。

　　長所：現金の収支に関係なく取引の事実が発生すれば会計に反映されます。このため減価償却費といった非現金支出費用を費用として把握することができます。

　　短所：賞与等引当金繰入額や退職手当引当金繰入額といった見積り額を計上するため、会計に恣意性（主観）が入ってしまいます。

（3）単式簿記

　単式簿記とは、現金及び預金の収支を伴う取引に関してのみ会計帳簿に取引記録を行う簿記をいいます。したがって、現金及び預金の収支を伴わない会計取引は記録を行わないことになります。

　　長所：現金収支以外の取引について会計に計上しないため、わかりやすいです。

　　短所：現金支出額を費用として捉えており、支出額が発生しない固定資産の減価償却費をコストとして把握することができません。

（4）複式簿記

　資産、負債、純資産、収益、費用という財務書類の構成要素が増減した場合に会計帳簿に仕訳という取引記録を行う簿記をいいます。仕訳とは借方（左側）と貸方（右側）に勘定科目と金額を計上することをいいます。

長所：複式簿記から財務書類を作成することができます。また、仕訳の借方と貸方の金額合計は同じになる性質によって、簿記の自己検証機能が備わっており誤りを防ぐことができます。

短所：取引ごとに正しい勘定科目を選択し正確に仕訳を行うためには知識を必要とします。このため、会計のルールを理解し正確な仕訳を行うことはある程度の努力と時間を要します。

図表1　簿記の方法と考え方の要約

	民間企業	地方公共団体
会計基準	企業会計	地方公会計（統一的な基準）
財務報告書類の種類（呼称）	財務諸表（金融商品取引法）計算書類（会社法）	財務書類
簿記の方法	複式簿記	単式簿記
取引の計上基準	発生主義	現金主義
財務報告書類の作成目的	株主、債権者、投資家といったステークホルダーへの説明責任	行政経営に関する住民等への説明責任

図表2　作成する財務報告書類など

内容	民間企業	地方公共団体	省略記号	記号の意味
基準日時点の財政状態（資産・負債・純資産の内訳の残高）を表す	貸借対照表	貸借対照表	[BS]	Balance Sheet
一会計期間中の費用・収益といった活動成果を表したもの→非現金支出費用も計上する	損益計算書	行政コスト計算書	[PL]	Profit and Loss statement
一会計期間中の純資産の変動を表したもの	株主資本等変動計算書	純資産変動計算書	[NW]	Net Worth statement
一会計中の現金及び現金同等物の受払いを3つの区分で表したもの	キャッシュ・フロー計算書	資金収支計算書	[CF]	Cash Flow statement

※地方公共団体が作成しなければならない決算書（地方自治法施行規則第16条、第16条の2）①歳入歳出決算書②歳入歳出決算事項別明細書③実質収支に関する調書④財産に関する調書

※資金収支計算書は、業務活動、投資活動、財務活動という3つの活動の収支を表します。資金収支計算書の資金とは、現金及び普通預金といった通常の活動において入出金が行われる資金であり、貸借対照表における現預金を意味するので仕訳上では現預金として示します。

※行政コスト計算書と純資産変動計算書を別の計算書とする場合には財務書類は4表となり、行政コスト計算書及び純資産変動計算書と結合する場合には、財務書類は3表となります。

図表3　統一的な基準による地方公会計の財務書類間の関係図

【財務書類4表構成の相互関係】

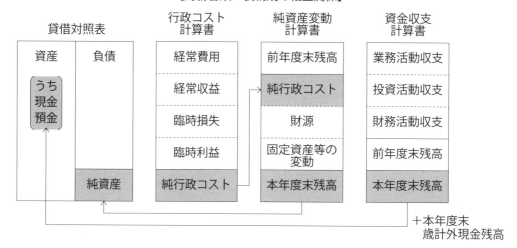

※1　貸借対照表の資産のうち「現金預金」の金額は、資金収支計算書の本年度末残高に本年度末歳計外現金残高を足したものと対応します。
※2　貸借対照表の「純資産」の金額は、純資産変動計算書の本年度末残高と対応します。
※3　行政コスト計算書の「純行政コスト」の金額は、純資産変動計算書に記載されます。

【財務書類3表構成の相互関係】

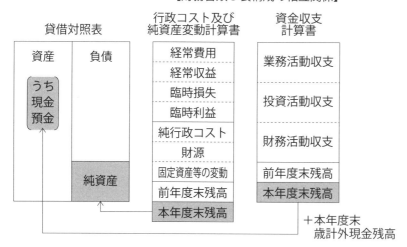

※1　貸借対照表の資産のうち「現金預金」の金額は、資金収支計算書の本年度末残高に本年度末歳計外現金残高を足したものと対応します。
※2　貸借対照表の「純資産」の金額は、行政コスト及び純資産変動計算書の本年度末残高と対応します。

（出典：総務省（2019）「統一的な基準による地方公会計マニュアル（令和元年8月改訂）」11頁）

■第2章　複式簿記

1．複式簿記の基本

　複式簿記は、資産、負債、純資産、収益、費用という財務書類の構成要素が組み合わさって仕訳されて増減することが重要な考え方になります。例えば、資産と負債の組み合わせの仕訳であったり、費用と資産の組み合わせの仕訳であったりと、様々な組み合わせの仕訳が考えられます。会計は仕訳に始まり仕訳で終わるとまで言われるほど、仕訳が重要です。仕訳が正しく行われていれば、その後は集計されて誘導的に財務書類が作成されますが、仕訳が誤っていると、誤った財務書類が作成されてしまうためです。

　簿記の具体的な流れや動きを理解するためには、簿記のルールを覚えましょう。貸借対照表と行政コスト計算書を例にとって考えます。

2．財務書類の作成方法

　財務書類を作成するには、まず仕訳を行い総勘定元帳の各勘定科目に転記して、総勘定元帳の各勘定科目の借方合計と貸方合計と残高を合計残高試算表に転記します。合計残高試算表から財務書類に計上する勘定科目を判断基準として精算表が作成され、貸借対照表、行政コスト計算書、純資産変動計算書、資金収支計算書といった財務書類が完成します。

　ただし、資金収支計算書は現金及び現金同等物である現金預金の収入と支出の内訳を表示するため、作成方法は他の財務書類に比べて少し独特になります。例えば企業会計では、キャッシュ・フロー計算書は現金預金の総勘定元帳の摘要を利用して作成するなど、複式簿記の仕訳からは独立して作成されます。また、東京都では、資金収支計算書に該当する計算書はキャッシュ・フロー計算書となりますが、その作成方法は日々仕訳に依拠せずに、従来からの官庁会計方式による日々の現金収支を「行政サービス活動」、「社会資本整備等投資活動」及び「財務活動」の3区分に並べ替えることにより歳入及び歳出を組み替えて作成すると東京都会計基準に明記されています。

　統一的な基準による地方公会計マニュアルでは、仕訳から資金収支計算書を作成しようと試みていることから、企業会計や東京都会計基準とは異なる仕訳となります。

図表 1　財務書類作成の流れ

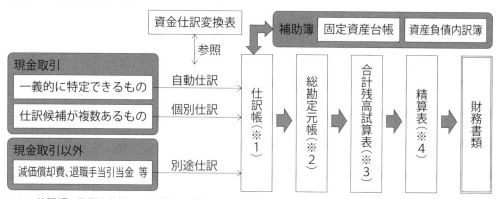

※ 1　　仕訳帳：取引を仕訳して記録する帳簿
※ 2　　総勘定元帳：勘定科目ごとに金額の増減を記録・計算する帳簿
※ 3　　合計残高試算表：総勘定元帳の勘定科目ごとの残高と合計額を表示した一覧表
※ 4　　精算表：合計残高試算表の残高について財務書類ごとに表示した一覧表

（出典：総務省（2019）「統一的な基準による地方公会計マニュアル（令和元年 8 月改訂）」14頁）

第3章　仕訳帳への仕訳と総勘定元帳への転記

1．企業会計の仕訳の考え方

複式簿記の仕訳は以下の6つのステップで考えていきます。

【STEP ①】取引内容を理解し分解します。

【STEP ②】資産、負債、純資産、収益、費用のどれが増減しているのかを考えます。

【STEP ③】借方と貸方に資産、負債、純資産、収益、費用をあてはめます。

【STEP ④】借方と貸方に勘定科目を記入します。

【STEP ⑤】金額を記入します。→借方と貸方の合計金額は必ず一致します。

【STEP ⑥】日付を記入します。

2．借方と貸方

複式簿記の世界では、仕訳を左と右にそれぞれ1以上の勘定科目を使用して取引を表します。複式簿記では、左側を借方（かりかた）、右側を貸方（かしかた）と呼びます。仕訳帳に記入する仕訳のひな型は以下になります。

図表1　仕訳のひな型

日　付	借　方		貸　方	
	勘 定 科 目	金　額	勘 定 科 目	金　額
月　日				

3．資産、負債、純資産、収益、費用と勘定科目

資産、負債、純資産、収益、費用の説明です。勘定科目（かんじょうかもく）とは、資産、負債、純資産、収益、費用の内容を表す財務書類上の名前のことを言います。

図表2　資産、負債、純資産、収益、費用の定義と勘定項目

要素	定義	具体的な勘定科目
資産	お金及び売ったらお金になるもの。行政サービスの提供能力の源泉。	現金預金、未収金、土地、建物、物品、有価証券、出資金
負債	いつか返済しないといけないもの。確定債務及び経済的債務。	地方債、未払金、未払費用、預り金、退職手当引当金
純資産	資産と負債の差額。固定資産の増減結果と資金の過不足の状態を表す。	固定資産等形成分*、余剰分*、不足分*

収益	行政サービスを提供したことにより発生する対価。	使用料及び手数料、資産売却益、税収等[**]、国県等補助金[**]
費用	行政サービスコストを提供するために発生するコスト。	職員給与費、物件費、維持補修費、社会保障給付

＊純資産の勘定科目は仕訳を行うことで使用する勘定科目ではありません。純資産変動計算書によって計算された内容を表す科目です。

＊＊税収等及び国県等補助金は収益に分類されますが、行政コスト計算書ではなく、純資産変動計算書に計上されます。

　上記表の具体的な勘定科目は、資金収支計算書における勘定科目を含みません。詳細な勘定科目は付録2「勘定科目一覧」（209頁）を参照してください。

　純行政コストは、費用と収益との差額となり、純資産の構成要素となります。地方公共団体は元手となる資本が存在しないことが企業会計との大きな違いになります。

4．増減のルール

　経済的事象が発生し、資産、負債、純資産、費用、収益が増減した際には仕訳を行います。仕訳にはルールがあります。資産と費用は増加した場合には借方に記帳し、減少した場合には貸方に記帳します。負債、純資産及び収益は増加した場合には貸方に記帳し、減少した場合には借方に記帳します。増加は発生、減少は消滅と読み替えても問題ありません。

図表3　仕訳における増減のルール

借方	貸方	要素
増加	減少	資産、費用
減少	増加	負債、純資産、収益

貸借対照表及び行政コスト計算書を勘定式で表すと、増加する側に残高（残額）が残ります。

図表4　貸借対照表及び行政コスト計算書における増減

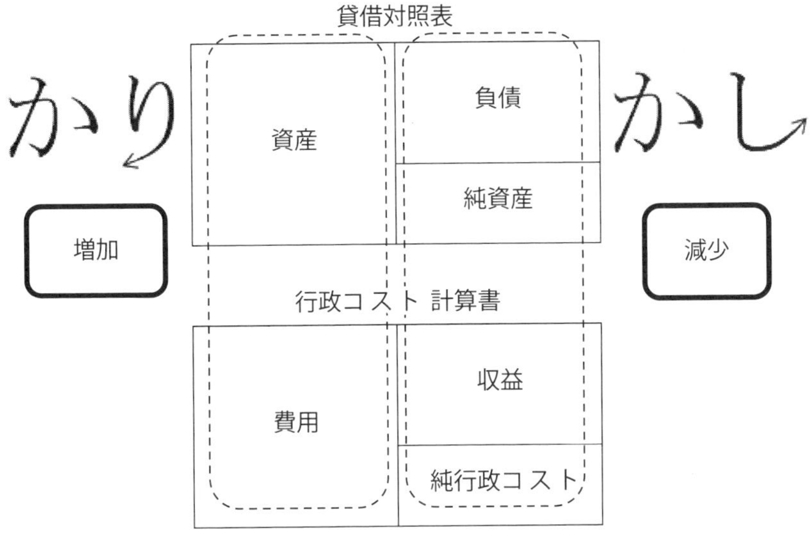

借方にある資産と費用は、借方が増加、貸方が減少となり、貸方にある負債、純資産、収益は、貸方が増加、借方が減少となります。

仕訳を行う場合にはこの考え方が大変重要になります。

複式簿記は、資産、負債、純資産、収益、費用という財務書類の要素が組み合わさって仕訳されることから、以下の仕訳のパターンが考えられます。

図表5　取引の8要素（よくあるパターン）

借方	貸方
資産の増加	資産の減少
負債の減少	負債の増加
純資産の減少	純資産の増加
費用等の発生	収益等の発生

（出典：総務省「統一的な基準による地方公会計マニュアル（令和元年8月改訂）」12頁）

5．企業会計における仕訳

複式簿記の仕訳を基本となる企業会計が行う仕訳で考えてみましょう。以下の仕訳例では、わかりやすくするために、勘定科目にどの財務諸表に掲載されるのかという省略記号

（貸借対照表：[BS]、損益計算書［PL］）を付します。

4月30日　100万円の商品を販売し、代金は現金で受け取った。

【STEP ①】取引内容を理解し分解します。

　100万円の商品を販売し、代金は現金で受け取った。

⇩

　この取引は、「現金100万円の受け取り」と商品の販売という「売上高の発生」であると
わかります。

【STEP ②】資産、負債、純資産、収益、費用のどれが増減しているのかを考えます。

　100万円を受け取ったので、現金という資産が増加しました。

　売上高が発生したので、売上高という収益が増加しました。

【STEP ③】借方と貸方に資産、負債、純資産、収益、費用をあてはめます。

　現金という資産の増加は借方なので、借方に資産を記入します。

　売上高という収益の発生は貸方なので、貸方に収益を記入します。

日　付	借　方		貸　方	
	勘　定　科　目	金　額	勘　定　科　目	金　額
月　　日	資　　　　　　　　産		収　　　　　　　　益	

【STEP ④】借方と貸方に勘定科目を記入します。

　借方の増加した資産は現金なので、現金という勘定科目を借方に記入します。

　貸方の増加した収益は売上高なので、売上高という勘定科目を貸方に記入します。

日　付	借　方		貸　方	
	勘　定　科　目	金　額	勘　定　科　目	金　額
月　　日	[BS] 現　　　　　　金		[PL] 売　　上　　高	

　また、【STEP ③】と【STEP ④】は仕訳をする勘定科目と資産、負債、純資産、収益、
費用のいずれに分類されているのかを理解している場合には同時に行われます。しかしな
がら、仕訳を考えるときには、勘定科目がわからなくても【STEP ③】のように、資産、
負債、純資産、収益、費用の何が増加して減少しているのかに焦点を絞って考えることが
会計を理解することにつながります。

【STEP ⑤】金額を記入します。→借方と貸方の合計金額は必ず一致します。

日　付	借　方		貸　方	
	勘　定　科　目	金　額	勘　定　科　目	金　額
月　日	[BS] 現　　　　金	1,000,000	[PL] 売　　上　　高	1,000,000

　仕訳の金額は原則として円単位です。ただし問題で千円単位などにしている場合には問題に合わせるようにしてください。

【STEP ⑥】日付を記入します。

日　付	借　方		貸　方	
	勘　定　科　目	金　額	勘　定　科　目	金　額
4月30日	[BS] 現　　　　金	1,000,000	[PL] 売　　上　　高	1,000,000

　企業会計の仕訳の完成です。

6．企業会計の総勘定元帳への転記

　仕訳帳に仕訳を行ったらすぐに、総勘定元帳へ転記をします。仕訳帳と総勘定元帳帳は別のノートと考えてください。総勘定元帳には、すべての勘定科目が並んでいるため、仕訳を行った勘定科目の2つを見つけて転記することになります。

（1）仕訳帳に仕訳

日　付	借　方		貸　方	
	勘　定　科　目	金　額	勘　定　科　目	金　額
4月30日	[BS] 現　　　　金	1,000,000	[PL] 売　　上　　高	1,000,000

（2）総勘定元帳に転記

　仕訳によって現金（貸借対照表の勘定科目）と売上高（損益計算書の勘定科目）という勘定科目が2つ登場しているので、2つの勘定科目を総勘定元帳に転記します。今回の総勘定元帳は残高式です。

　　【STEP ①】総勘定元帳から仕訳に出てきた勘定科目を探します。

　　【STEP ②】転記する勘定科目が仕訳をされている方（借方か貸方）に金額を転記します。

　　【STEP ③】総勘定元帳の「勘定科目」に仕訳帳の貸借反対の勘定科目である勘定科目（相手勘定）を記載します。

　　【STEP ④】日付と残高を記入します。

★残高の計算方法

　借方残高（借方が増加）となる資産と費用の勘定科目は、借方に金額を記入すると、直前の残高＋借方となります。貸方に金額を記入すると、直前の残高−貸方となります。

　貸方残高（貸方が増加）となる負債、純資産、収益の勘定科目は、貸方に金額を記入すると、直前の残高＋貸方となります。借方に金額を記入すると、直前の残高−借方となります。

＜資産・費用＞の例

日　付	勘　定　科　目			借　　方	貸　　方	残　　高
4月2日	×	○	△	4,000,000		4,000,000
4月5日	×	●	▲	1,000,000		5,000,000

　4月5日の残高5,000,000＝4,000,000＋1,000,000

＜資産・費用＞の例

日　付	勘　定　科　目			借　　方	貸　　方	残　　高
4月2日	×	○	△	4,000,000		4,000,000
4月5日	×	●	▲		1,000,000	3,000,000

　4月5日の残高3,000,000＝4,000,000△1,000,000

＜負債・純資産・収益＞の例

日　付	勘　定　科　目			借　　方	貸　　方	残　　高
4月2日	×	○	△		4,000,000	4,000,000
4月5日	×	●	▲		1,000,000	5,000,000

　4月5日の残高5,000,000＝4,000,000＋1,000,000

＜負債・純資産・収益＞の例

日　付	勘　定　科　目			借　　方	貸　　方	残　　高
4月2日	×	○	△		4,000,000	4,000,000
4月5日	×	●	▲	1,000,000		3,000,000

　4月5日の残高3,000,000＝4,000,000△1,000,000

【STEP ①−1】総勘定元帳から仕訳に出てきた勘定科目を探します。まずは総勘定元帳の現金勘定を探します。

＜[BS] 現金＞

日　付	勘　定　科　目	借　　方	貸　　方	残　　高
月　　日				

【STEP②-1】転記する勘定科目が仕訳をされている方（借方か貸方）に金額を転記します。仕訳帳を見ると、現金が借方にあるので、借方に金額を転記します。

＜[BS] 現金＞

日　付	勘　定　科　目	借　方	貸　方	残　高
月　日		1,000,000		

これで現金が1,000,000円増加したと総勘定元帳からわかります。

【STEP③-1】総勘定元帳の「勘定科目」に仕訳帳の貸借反対の勘定科目である勘定科目（相手勘定）を記載します。現金の反対の貸方の勘定科目である「売上高」と記載します。

＜[BS] 現金＞

日　付	勘　定　科　目	借　方	貸　方	残　高
月　日	[PL]　売　　　上　　　高	1,000,000		

これで現金が売上高によって1,000,000円増加したと総勘定元帳からわかります。

【STEP④-1】日付と残高を記入します。残高は前の日付の残高があれば計算しますが、今回は仕訳で初めて登場したと考えるため、残高は借方の金額と同じになります。

＜[BS] 現金＞

日　付	勘　定　科　目	借　方	貸　方	残　高
4月30日	[PL]　売　　　上　　　高	1,000,000		1,000,000

【STEP①-2】総勘定元帳から仕訳に出てきた勘定科目を探します。次は総勘定元帳の売上高勘定を探します。

＜[PL] 売上高＞

日　付	勘　定　科　目	借　方	貸　方	残　高
月　日				

【STEP②-2】転記する勘定科目が仕訳をされている方（借方か貸方）に金額を転記します。仕訳帳を見ると、売上高が貸方にあるので、貸方に金額を転記します。

＜[PL] 売上高＞

日　付	勘　定　科　目	借　方	貸　方	残　高
月　日			1,000,000	

これで売上高が1,000,000円増加したと総勘定元帳を見るだけでわかります。

【STEP③－2】総勘定元帳の「勘定科目」に仕訳帳の貸借反対の勘定科目である勘定科目（相手勘定）を記載します。売上高の反対の借方の勘定科目である「現金」と記載します。

＜[PL] 売上高＞

日　付	勘 定 科 目	借　方	貸　方	残　高
月　日	[BS] 現　　　金		1,000,000	

これで売上高が現金によって1,000,000円増加したと総勘定元帳を見るだけでわかります。

【STEP④－2】日付と残高を記入します。残高は前の日付の残高があれば計算しますが、今回は仕訳で初めて登場したと考えるため、残高は借方の金額と同じになります。

＜[PL] 売上高＞

日　付	勘 定 科 目	借　方	貸　方	残　高
4月30日	[BS] 現　　　金		1,000,000	1,000,000

（3）仕訳帳の仕訳と総勘定元帳（残高式）への転記のまとめ

仕訳によって勘定科目が2つ登場するので、総勘定元帳へは2つの勘定科目に転記します。

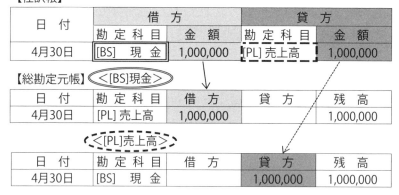

① 仕訳帳に（借方）現金1,000,000（貸方）売上高1,000,000と仕訳します。

② 総勘定元帳から現金勘定を見つけます。

③ 借方に1,000,000と記入します。勘定科目は仕訳の反対の勘定科目である「売上高」と記入します。

④ 総勘定元帳から売上高勘定を見つけます。

⑤ 貸方に1,000,000と記入します。勘定科目は仕訳の反対の勘定科目である「現金」と記入します。

（4）仕訳帳の仕訳と総勘定元帳（勘定式）への転記のまとめ

【仕訳帳】

日 付	借 方		貸 方	
	勘 定 科 目	金 額	勘 定 科 目	金 額
4月30日	[BS]現金	1,000,000	[PL]売上高	1,000,000

【総勘定元帳】　＜[BS]現金＞

日 付	勘 定 科 目	金 額	日 付	勘 定 科 目	金 額
4月30日	[PL]売上高	1,000,000			

＜[PL]売上高＞

日 付	勘 定 科 目	金 額	日 付	勘 定 科 目	金 額
			4月30日	[BS]現金	1,000,000

7．地方公会計の仕訳の考え方

　地方公会計の複式簿記の仕訳は企業会計の仕訳に【STEP ⑤】の資金収支計算書関係の仕訳を追加した以下の7つのステップで考えていきます。

　【STEP ①】取引内容を理解し分解します。

　【STEP ②】資産、負債、純資産、収益、費用のどれが増減しているのかを考えます。

　【STEP ③】借方と貸方に資産、負債、純資産、収益、費用をあてはめます。

　【STEP ④】借方と貸方に勘定科目を記入します。

　【STEP ⑤】勘定科目が現金や現金預金などの現金同等物の場合には、現金預金の代わりに、資金収支計算書で使用するキャッシュ・イン又はキャッシュ・アウトを表す勘定科目を記載します。

　【STEP ⑥】金額を記入します。→借方と貸方の合計金額は必ず一致します。

　【STEP ⑦】日付を記入します。

　地方公会計の仕訳は企業会計と比較すると資金収支計算書の作成も仕訳を利用して行おうという仕組みになっています。なお、企業会計のキャッシュ・フロー計算書は、現金預金の総勘定元帳の摘要を利用して作成します。

8．地方公会計における仕訳

　地方公会計が行う複式簿記の仕訳を考えてみましょう。以下の仕訳例では、わかりやすくするために、どの財務書類に掲載されるのかという省略記号（貸借対照表：[BS]、行政コスト計算書：[PL]、純資産変動計算書：[NW]、資金収支計算書：[CF]）を勘定科目に付します。

> 4月30日　地方公共団体が運営する公共施設の使用料金100万円を現金で受け取った。

【STEP ①】取引内容を理解し分解します。

公共施設の使用料金100万円を現金で受け取った。

⇩

この取引は、「現金100万円の受け取り」と「使用料収入の発生」であるとわかります。

【STEP ②】資産、負債、純資産、収益、費用のどれが増減しているのかを考えます。

100万円を受け取ったので、現金という資産が増加しました。

使用料収入が発生したので、使用料及び手数料収入という収益が増加しました。

【STEP ③】借方と貸方に資産、負債、純資産、収益、費用をあてはめます。

現金という資産の増加は借方なので、借方に資産を記入します。

使用料及び手数料収入という収益の発生は貸方なので、貸方に収益を記入します。

日　付	借　方		貸　方	
	勘 定 科 目	金　額	勘 定 科 目	金　額
月　日	資　　　　　産		収　　　　　益	

【STEP ④】借方と貸方に勘定科目を記入します。

借方の増加した資産は現金なので、現金という勘定科目を借方に記入します。

貸方の増加した収益は使用料及び手数料なので、使用料及び手数料という勘定科目を貸方に記入します。

日　付	借　方		貸　方	
	勘 定 科 目	金　額	勘 定 科 目	金　額
月　日	［BS］現　　　金		［PL］使用料及び手数料	

また、【STEP ③】と【STEP ④】は仕訳をする勘定科目と資産、負債、純資産、収益、費用のいずれに分類されているのかを理解している場合には同時に行われます。しかしながら、仕訳を考えるときには、勘定科目がわからなくても【STEP ③】のように、資産、負債、純資産、収益、費用の何が増加して減少しているのかに焦点を絞って考えることが会計を理解することにつながります。

【STEP ⑤】現金預金の代わりに、資金収支計算書で使用するキャッシュ・イン又はキャッシュ・アウトを表す勘定科目を記載します。

日　付	借　方		貸　方	
	勘 定 科 目	金　額	勘 定 科 目	金　額
月　日	［CF］使用料及び手数料収入（［BS］現金）		［PL］使用料及び手数料	

この仕訳は、地方公会計特有の仕訳です。地方公会計では、現金が借方の場合には、現金を受領したとして、貸借対照表の現金勘定の代わりに、貸方の「使用料及び手数料」の収入を表す「使用料及び手数料収入」という現金のプラスであるキャッシュ・インを表現する勘定科目で仕訳を行います。発生した「使用料及び手数料」という収益を現金で受け取り、現金が増加したので、資金収支計算書に現金のプラスを表すために借方の勘定科目は「使用料及び手数料収入」とします。企業会計の仕訳にはない仕訳なので、わかりやすいように勘定科目の下に「(現金)」を入れておきます。

【STEP ⑥】金額を記入します。→借方と貸方の合計金額は必ず一致します。

日　付	借　方		貸　方	
	勘　定　科　目	金　額	勘　定　科　目	金　額
月　日	[CF]　使用料及び手数料収入（[BS] 現金）	1,000,000	[PL]使用料及び手数料	1,000,000

仕訳の金額は原則として円単位です。ただし問題で千円単位などにしている場合には問題に合わせるようにしてください。

【STEP ⑦】日付を記入します。

日　付	借　方		貸　方	
	勘　定　科　目	金　額	勘　定　科　目	金　額
4月30日	[CF]　使用料及び手数料収入（[BS] 現金）	1,000,000	[PL]使用料及び手数料	1,000,000

地方公会計の仕訳の完成です。

9．地方公会計の総勘定元帳への転記

仕訳帳に仕訳を行ったらすぐに、総勘定元帳へ転記をします。仕訳帳と総勘定元帳帳は別のノートと考えてください。総勘定元帳には、すべての勘定科目が並んでいるため、仕訳を行った勘定科目を見つけて転記することになります。

仕訳によって使用料及び手数料収入（資金収支計算書の勘定科目）と使用料及び手数料（行政コスト計算書の勘定科目）という2つの勘定科目が登場しているので、総勘定元帳の2つの勘定科目に転記します。地方公会計が企業会計と異なる点は、資金収支計算書を作成するために、現金の収支がある場合には、貸借対照表の勘定科目である現金勘定にも転記を行うことです。つまり、現金の収支がある場合には、仕訳の勘定科目2つと、現金勘定1つの合計3つの勘定科目に転記します。今回の総勘定元帳は残高式です。

（1）仕訳帳に仕訳

日　付	借　方		貸　方	
	勘　定　科　目	金　額	勘　定　科　目	金　額
4月30日	［CF］使用料及び手数料収入（［BS］現金）	1,000,000	［PL］使用料及び手数料	1,000,000

（2）総勘定元帳に転記

　　仕訳によって使用料及び手数料収入（資金収支計算書の勘定科目）と使用料及び手数料（行政コスト計算書の勘定科目）という2つの勘定科目が登場しており、さらに現金の収支があるので、現金（貸借対照表の勘定科目）の3つの勘定科目を総勘定元帳に転記します。今回の総勘定元帳は残高式です。

　【STEP ①】総勘定元帳から仕訳に出てきた勘定科目を探します。

　【STEP ②】転記する勘定科目が仕訳をされている方（借方か貸方）に金額を転記します。

　【STEP ③】総勘定元帳の「勘定科目」に仕訳帳の貸借反対の勘定科目である勘定科目（相手勘定）を記載します。

　【STEP ④】日付と残高を記入します。

　【STEP ①－1】総勘定元帳から仕訳に出てきた勘定科目を探します。まずは総勘定元帳の使用料及び手数料収入勘定を探します。

　＜［CF］使用料及び手数料収入＞

日　付	勘　定　科　目	借　方	貸　方	残　高
月　　日				

　【STEP ②－1】転記する勘定科目が仕訳をされている方（借方か貸方）に金額を転記します。仕訳帳を見ると、使用料及び手数料収入が借方にあるので、借方に金額を転記します。

　＜［CF］使用料及び手数料収入＞

日　付	勘　定　科　目	借　方	貸　方	残　高
月　　日		1,000,000		

　　これで使用料及び手数料収入による現金が1,000,000円増加したと総勘定元帳からわかります。

【STEP ③－1】総勘定元帳の「勘定科目」に仕訳帳の貸借反対の勘定科目である勘定科目（相手勘定）を記載します。使用料及び手数料収入の反対の貸方の勘定科目である「使用料及び手数料」と記載します。

＜[CF] 使用料及び手数料収入＞

日　付	勘　定　科　目	借　方	貸　方	残　高
月　日	[PL]　使用料及び手数料	1,000,000		

　これで使用料及び手数料収入による現金が使用料及び手数料によって1,000,000円増加したと総勘定元帳からわかります。

【STEP ④－1】日付と残高を記入します。残高は前の日付の残高があれば計算しますが、今回は仕訳で初めて登場したと考えるため、残高は借方の金額と同じになります。

＜[CF] 使用料及び手数料収入＞

日　付	勘　定　科　目	借　方	貸　方	残　高
4月30日	[PL]　使用料及び手数料	1,000,000		1,000,000

【STEP ①－2】総勘定元帳から仕訳に出てきた勘定科目を探します。次は総勘定元帳の使用料及び手数料勘定を探します。

＜[PL] 使用料及び手数料＞

日　付	勘　定　科　目	借　方	貸　方	残　高
月　日				

【STEP ②－2】転記する勘定科目が仕訳をされている方（借方か貸方）に金額を転記します。仕訳帳を見ると、使用料及び手数料が貸方にあるので、貸方に金額を転記します。

＜[PL] 使用料及び手数料＞

日　付	勘　定　科　目	借　方	貸　方	残　高
月　日			1,000,000	

　これで使用料及び手数料が1,000,000円増加したと総勘定元帳を見るだけでわかります。

【STEP ③－2】総勘定元帳の「勘定科目」に仕訳帳の貸借反対の勘定科目である勘定科目（相手勘定）を記載します。使用料及び手数料の反対の借方の勘定科目である「使用料及び手数料収入」と記載します。

＜[PL] 使用料及び手数料＞

日　付	勘　定　科　目	借　方	貸　方	残　高
月　日	［CF］　使　用　料　及　び手　数　料　収　入		1,000,000	

　これで使用料及び手数料が使用料及び手数料収入による現金によって1,000,000円増加したと総勘定元帳を見るだけでわかります。

【STEP ④－2】日付と残高を記入します。残高は前の日付の残高があれば計算しますが、今回は仕訳で初めて登場したと考えるため、残高は借方の金額と同じになります。

＜[PL] 使用料及び手数料＞

日　付	勘　定　科　目	借　方	貸　方	残　高
4月30日	［CF］　使　用　料　及　び手　数　料　収　入		1,000,000	1,000,000

【STEP ①－3】地方公会計に独特ですが、現金の収支があった場合に、資金収支計算書を作成する必要があるため、現金（貸借対照表の勘定科目）の総勘定元帳にも資金収支計算書の勘定科目を転記します。まずは総勘定元帳の現金勘定を探します。

＜[BS] 現金＞

日　付	勘　定　科　目	借　方	貸　方	残　高
月　日				

【STEP ②－3】転記する勘定科目である現金が仕訳をされている方（借方か貸方）に金額を転記します。仕訳帳を見ると、補助として記入した現金が借方にあるので、借方に金額を転記します。

＜[BS] 現金＞

日　付	勘　定　科　目	借　方	貸　方	残　高
月　日		1,000,000		

　これで現金が1,000,000円増加したと総勘定元帳からわかります。

【STEP ③－3】総勘定元帳の「勘定科目」に仕訳帳の貸借反対の勘定科目である勘定科目（相手勘定）を記載します。現金の反対の貸方の勘定科目である「使用料及び手数料」と記載します。

＜［BS］現金＞

日　付	勘　定　科　目	借　方	貸　方	残　高
月　　日	［PL］使用料及び手数料	1,000,000		

　これで現金が使用料及び手数料によって1,000,000円増加したと総勘定元帳からわかります。

　【STEP ④－3】日付と残高を記入します。残高は前の日付の残高があれば計算しますが、今回は仕訳で初めて登場したと考えるため、残高は借方の金額と同じになります。

＜［BS］現金＞

日　付	勘　定　科　目	借　方	貸　方	残　高
4月30日	［PL］　使用料及び手数料	1,000,000		1,000,000

（3）仕訳帳の仕訳と総勘定元帳（残高式）への転記のまとめ

　仕訳によって勘定科目が3つ登場するので、総勘定元帳へは3つの勘定科目に転記します。

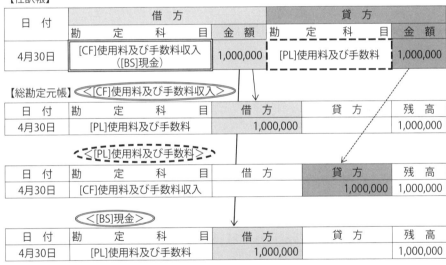

① 仕訳帳に（借方）使用料及び手数料収入（貸方）使用料及び手数料と仕訳をします。
② 総勘定元帳から使用料及び手数料収入勘定及び現金勘定を見つけます。
③ 借方に1,000,000と記入します。勘定科目は仕訳の反対の勘定科目である「使用料及び手数料」と記入します。
④ 総勘定元帳から売上高勘定を見つけます。
⑤ 貸方に1,000,000と記入します。勘定科目は仕訳の反対の勘定科目である「使用料及び手数料収入」と記入します。

（4）仕訳帳の仕訳と総勘定元帳（勘定式）への転記のまとめ

【仕訳帳】

日　付	借　方			貸　方	
	勘　定　科　目	金　額	勘　定　科　目		金　額
4月30日	[CF]使用料及び手数料収入 （[BS]現金）	1,000,000	[PL]使用料及び手数料		1,000,000

【総勘定元帳】　　＜[CF]使用料及び手数料収入＞

日　付	勘　定　科　目	金　額	日　付	勘　定　科　目	金　額
4月30日	[PL]使用料及び手数料	1,000,000			

＜[PL]使用料及び手数料＞

日　付	勘　定　科　目	金　額	日　付	勘　定　科　目	金　額
			4月30日	[CF]使用料及び 手数料収入	1,000,000

＜[BS]現金＞

日　付	勘　定　科　目	金　額	日　付	勘　定　科　目	金　額
4月30日	[PL]使用料及び手数料	1,000,000			

■ 第4章 企業会計の財務諸表の作成及び地方公会計の財務書類の作成

　取引が発生したら、仕訳帳に仕訳をして、総勘定元帳に記載されている勘定科目に仕訳を転記します。次に、総勘定元帳に記載されている勘定科目の全てについて、借方合計と貸方合計、さらにそれらの差額である残高を集計し、それらを合計残高試算表に転記します。合計残高試算表から勘定科目を判断基準として精算表が作成され、貸借対照表、行政コスト計算書、純資産変動計算書、資金収支計算書といった財務書類が完成します。本章では精算表の作成をしないで、仕訳帳→総勘定元帳→合計残高試算表→財務書類の作成を1つの仕訳で追いかけます。

1．企業会計基準による財務諸表の作成

　企業会計基準による財務諸表の作成は、以下の順番になります。

（1）取引

（2）仕訳

（3）総勘定元帳に転記

（4）総勘定元帳の残高を合計残高試算表に記載

（5）合計残高試算表の残高を財務書類に記載

これまで（1）〜（3）までが終わりましたので、（4）と（5）を行ってみましょう。

（1）取引

4月30日　100万円の商品を販売し、代金は現金で受け取った。

（2）仕訳

日　付	借　方		貸　方	
	勘　定　科　目	金　額	勘　定　科　目	金　額
4月30日	[BS] 現　　　　金	1,000,000	[PL] 売　　上　　高	1,000,000

（３）総勘定元帳に転記

＜［BS］現金＞

日　付	勘 定 科 目	借　方	貸　方	残　高
4月30日	［PL］売　上　高	1,000,000		1,000,000

＜［PL］売上高＞

日　付	勘 定 科 目	借　方	貸　方	残　高
4月30日	［BS］現　　　金		1,000,000	1,000,000

（４）総勘定元帳の残高を合計残高試算表に記載

【合計残高試算表】

勘 定 科 目		前年度末残高		本年度計上額		本年度末残高	
		借方	貸方	借方	貸方	借方	貸方
BS	現　　金			1,000,000		1,000,000	
PL	売 上 高				1,000,000		1,000,000
	合　　計			1,000,000	1,000,000	1,000,000	1,000,000

（５）合計残高試算表の残高を財務書類に記載

> 貸借対照表は基準日における残高（ストック）を表示するため、基準日を記載します。

【貸借対照表】
××年4月30日現在

資産の部		純資産の部	
現　　　　　　　金	1,000,000	利　益　剰　余　金	1,000,000
資　産　合　計	1,000,000	資産及び純資産合計	1,000,000

> 損益計算書の当期純利益の金額と一致します。

合計残高試算表にある貸借対照表科目の現金を選び借方残高の1,000,000を記載します。

なお、当期純利益のことを貸借対照表では利益剰余金と表示します。

【損益計算書】
自××年4月1日
至××年4月30日

> 「自」は始まり、「至」は終わりを表します。損益計算書、株主資本等変動計算書、キャッシュ・フロー計算書はフローのため、期間を記載します。

売　上　高	1,000,000
当期純利益	1,000,000

合計残高試算表にある損益計算書科目の売上高を選び貸方残高の1,000,000を記載しま

す。他に費用がないため、売上高が当期純利益となります。

【株主資本等変動計算書】
自××年4月1日
至××年4月30日

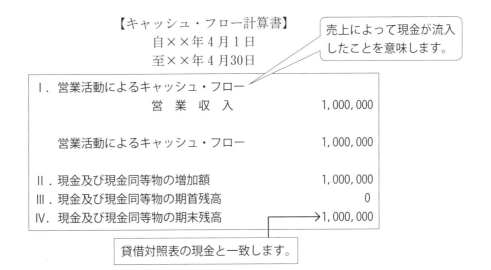

年	株 主 資 本		
---	資 本 金	利 益 剰 余 金 繰 越 利 益 剰 余 金	株 主 資 本 合 計
当 期 首 残 高	0	0	0
当 期 変 動 額			
当 期 純 利 益		→1,000,000	1,000,000
当 期 変 動 合 計		1,000,000	1,000,000
当 期 末 残 高	0	1,000,000←	1,000,000

損益計算書の当期純利益を記入します。

貸借対照表の利益剰余金と一致します。

【キャッシュ・フロー計算書】
自××年4月1日
至××年4月30日

売上によって現金が流入したことを意味します。

Ⅰ．営業活動によるキャッシュ・フロー
　　　営 業 収 入 　　　　　　　　　1,000,000

　　　営業活動によるキャッシュ・フロー　1,000,000

Ⅱ．現金及び現金同等物の増加額　　　　1,000,000
Ⅲ．現金及び現金同等物の期首残高　　　　　　　0
Ⅳ．現金及び現金同等物の期末残高　　→1,000,000

貸借対照表の現金と一致します。

２．地方公会計基準による財務書類の作成

地方公会計基準よる財務諸表の作成は、以下の順番になります。

（１）取引

（２）仕訳

（３）総勘定元帳に転記

（４）総勘定元帳の残高を合計残高試算表に記載

（５）合計残高試算表の残高を財務書類に記載

これまで（１）～（３）までが終わりましたので、（４）と（５）を行ってみましょう。

（１）取引

| 4月30日　地方公共団体が運営する公共施設の使用料金100万円を現金で受け取った。 |

（２）仕訳

日　付	借　方		貸　方	
	勘 定 科 目	金　額	勘 定 科 目	金　額
4月30日	[CF]　使用料及び手数料収入（[BS] 現金）	1,000,000	[PL]使用料及び手数料	1,000,000

（3） 総勘定元帳に転記

＜使用料及び手数料収入＞→[CF]へ

日　付	勘 定 科 目	借　　方	貸　　方	残　　高
4月30日	[PL]使用料及び手数料	1,000,000		1,000,000

＜使用料及び手数料＞→[PL]へ

日　付	勘 定 科 目	借　　方	貸　　方	残　　高
4月30日	[CF]使用料及び手数料収入		1,000,000	1,000,000

＜現金＞→[BS]へ

日　付	勘 定 科 目	借　　方	貸　　方	残　　高
4月30日	[PL]使用料及び手数料	1,000,000		1,000,000

（4） 総勘定元帳の残高を合計残高試算表に記載

　地方公会計の合計残高試算表は、貸借対照表［BS］、行政コスト計算書［PL］、純資産変動計算書［NW］と、資金収支計算書［CF］に分けて記入します。

【合計残高試算表】＜BS,PL,NW＞

勘 定 科 目		前年度末残高		本年度計上額		本年度末残高	
		借方	貸方	借方	貸方	借方	貸方
BS	現　　　　金			1,000,000		1,000,000	
PL	使 用 料 及 び 手 数 料				1,000,000		1,000,000
	合　　計			1,000,000	1,000,000	1,000,000	1,000,000

【合計残高試算表】＜CF＞

勘 定 科 目		前年度末残高		本年度計上額		本年度末残高	
		借方	貸方	借方	貸方	借方	貸方
CF	使用料及び手数料収入			1,000,000		1,000,000	
	合　　計			1,000,000		1,000,000	

（5）合計残高試算表の残高を財務書類に記載

【貸借対照表】
××年4月30日現在

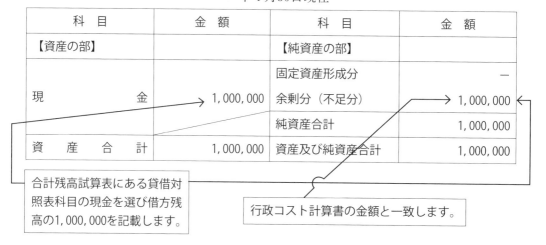

科 目	金 額	科 目	金 額
【資産の部】		【純資産の部】	
		固定資産形成分	—
現　　　　　金	1,000,000	余剰分（不足分）	1,000,000
		純資産合計	1,000,000
資　産　合　計	1,000,000	資産及び純資産合計	1,000,000

合計残高試算表にある貸借対照表科目の現金を選び借方残高の1,000,000を記載します。

行政コスト計算書の金額と一致します。

貸借対照表では余剰分と表示し、行政コスト計算書の正負と反対になります。

【行政コスト計算書】
自××年4月1日
至××年4月30日

科　　目	金　　額
経常収益	
使用料及び手数料	1,000,000
純行政コスト	△1,000,000

　合計残高試算表にある行政コスト計算書の科目の使用料及び手数料を選び貸方残高1,000,000を記載します。他にコストがないため、使用料及び手数料が行政コストとなります。行政コスト計算書はコストを正で、収益を負で表示します。通常はコストなので正になりますが、今回は収益のみなので負になります。

【純資産変動計算書】
自××年 4 月 1 日
至××年 4 月30日

科　目	合　計	固定資産等形成分	余剰分（不足分）
前年度末純資産残高	－	－	－
純行政コスト（△）	→ 1,000,000	－	1,000,000
本　年　度　差　額	1,000,000	－	1,000,000
本年度純資産変動額	1,000,000	－	1,000,000
本年度末純資産残高	1,000,000	→ －	→ 1,000,000

行政コスト計算書の行政コストを記入します。今回は収益なので「△」は不要です。

貸借対照表の純資産と一致します。

【資金収支計算書】
自××年 4 月 1 日
至××年 4 月30日

科　目	金　額
【業務活動収支】	
業務収入 　使用料及び手数料収入	1,000,000
業務活動収支	1,000,000
本年度資金収支額	1,000,000
前年度末資金残高	0
本年度末資金残高	1,000,000

前年度末歳計外現金残高	－
本年度歳計外現金増減額	－
本年度末歳計外現金残高	－
本年度末現金預金残高	→ 1,000,000

貸借対照表の現金と一致します。

■第5章　演習問題　仕訳から財務書類の作成まで

　次の取引について、①仕訳を行い、②総勘定元帳に転記をして、③合計残高試算表を作成し、④財務書類を作成してみましょう。なお、仕訳と総勘定元帳にはあらかじめ日付を入れてあります。仕訳をする際の勘定科目は解答用紙の財務書類に掲載していますので、参照しながらやってみてください。また、総勘定元帳に仕訳の日付よりも前に残高がある現金預金及び建物は仕訳の日付以前から保有しています。以下は××年の取引とします。

★取引

日　付	取　引　内　容	金　額
2月3日	住民税の調定を行い金額が確定したため未収計上した。	9,000,000
3月3日	先月、未収計上した住民税の収入があった。	8,000,000
3月5日	地方債の償還日となり支払いをした。	5,000,000
3月6日	国補助金（道路関係）の収入があった。	6,000,000
3月10日	地方債（道路関係）を発行し入金があった。	7,000,000
3月17日	職員給与を支払った。	4,000,000
3月27日	社会保障費用を支払った。	2,000,000
3月28日	災害の復旧に対して支出した。	3,000,000
3月31日	道路工事は未完成であり、進捗部分は来月支払う。	1,000,000
3月31日	過年度から保有している建物の減価償却費を計上する。	1,500,000

【解答用紙】

1 仕訳

日 付	借 方		貸 方	
	勘 定 科 目	金 額	勘 定 科 目	金 額
2月3日	( )	( )	( )	( )
3月3日	( )	( )	( )	( )
3月5日	( )	( )	( )	( )
3月6日	( )	( )	( )	( )
3月10日	( )	( )	( )	( )
3月17日	( )	( )	( )	( )
3月27日	( )	( )	( )	( )
3月28日	( )	( )	( )	( )
3月31日	( )	( )	( )	( )
3月31日	( )	( )	( )	( )

2 総勘定元帳に転記

　各勘定科目に借方残高か貸方残高かを明記しておきます。

○貸借対照表[BS]

＜建物＞（借方残高）

日 付	勘 定 科 目	借 方	貸 方	残 高
－				15,000,000

＜建物減価償却累計額＞（貸方残高）貸借対照表の借方にマイナス表示されます。

日 付	勘 定 科 目	借 方	貸 方	残 高
－				3,000,000
3月31日				

＜建設仮勘定＞（借方残高）

日 付	勘 定 科 目	借 方	貸 方	残 高
3月31日				

＜現金預金＞（借方残高）

日 付	勘 定 科 目	借 方	貸 方	残 高
－				20,000,000

日 付	勘 定 科 目	借 方	貸 方	残 高
3 月 3 日				
3 月 5 日				
3 月 6 日				
3 月10日				
3 月17日				
3 月27日				
3 月28日				

＜未収金＞（借方残高）

日 付	勘 定 科 目	借 方	貸 方	残 高
2 月 3 日				
3 月 3 日				

＜地方債＞（貸方残高）

日 付	勘 定 科 目	借 方	貸 方	残 高
－				30,000,000
3 月 5 日				
3 月10日				

＜未払金＞（貸方残高）

日 付	勘 定 科 目	借 方	貸 方	残 高
3 月31日				

○行政コスト計算書［PL］

＜職員給与費＞（借方残高）

日 付	勘 定 科 目	借 方	貸 方	残 高
3 月17日				

＜社会保障給付＞（借方残高）

日 付	勘 定 科 目	借 方	貸 方	残 高
3 月27日				

＜災害復旧事業費＞（借方残高）

日 付	勘 定 科 目	借 方	貸 方	残 高
3 月28日				

＜減価償却費＞（借方残高）

日　付	勘 定 科 目	借　方	貸　方	残　高
3月31日				

○純資産変動計算書［NW］

＜税収等＞（貸方残高）

日　付	勘 定 科 目	借　方	貸　方	残　高
2月3日				

＜国県等補助金＞（貸方残高）

日　付	勘 定 科 目	借　方	貸　方	残　高
3月6日				

○資金収支計算書［CF］→支出は貸方残高、収入は借方残高

＜人件費支出＞（貸方残高）

日　付	勘 定 科 目	借　方	貸　方	残　高
3月17日				

＜社会保障給付支出＞（貸方残高）

日　付	勘 定 科 目	借　方	貸　方	残　高
3月27日				

＜税収等収入＞（借方残高）

日　付	勘 定 科 目	借　方	貸　方	残　高
3月3日				

＜国県等補助金収入＞（借方残高）

日　付	勘 定 科 目	借　方	貸　方	残　高
3月6日				

＜災害復旧事業費支出＞（貸方残高）

日　付	勘 定 科 目	借　方	貸　方	残　高
3月28日				

＜地方債償還支出＞（貸方残高）

日　付	勘　定　科　目	借　　方	貸　　方	残　　高
3月5日				

＜地方債発行収入＞（借方残高）

日　付	勘　定　科　目	借　　方	貸　　方	残　　高
3月10日				

3 総勘定元帳の残高を合計残高試算表に記載

【合計残高試算表】＜ BS, PL, NW ＞

勘　定　科　目		前年度末残高		本年度計上額		本年度末残高	
		借方	貸方	借方	貸方	借方	貸方
BS	建　　　　物	15,000,000					
BS	建物減価償却累計額		3,000,000				
BS	建　設　仮　勘　定						
BS	現　金　預　金	20,000,000					
BS	未　　収　　金						
BS	地　　方　　債		30,000,000				
BS	未　　払　　金						
PL	職　員　給　与　費						
PL	社　会　保　障　給　付						
PL	災　害　復　旧　事　業　費						
PL	減　価　償　却　費						
NW	税　　収　　等						
NW	国　県　等　補　助　金						
NW	固　定　資　産　形　成　分		12,000,000	1,000,000	1,500,000		11,500,000
NW	余　　剰　　分		△10,000,000	500,000			△9,5000,000
	合　　計	35,000,000	35,000,000				

　必要な前年度の情報及び難しいと思われる箇所にはあらかじめ数字を入れておきました。

【合計残高試算表】＜CF＞

勘 定 科 目		前年度末残高		本年度計上額		本年度末残高	
		借方	貸方	借方	貸方	借方	貸方
合 計							

4 合計残高試算表の残高を財務書類に記載

　合計残高試算表から、各勘定科目の金額を記入してください。

【貸借対照表】
××年３月31日現在

科目	金額	科目	金額
【資産の部】		【負債の部】	
固定資産	（　　　　）	固定負債	（　　　　）
インフラ資産	（　　　　）	地方債	（　　　　）
建物	（　　　　）	流動負債	（　　　　）
建物減価償却累計額	△（　　　）	未払金	（　　　　）
建設仮勘定	（　　　　）	負債合計	（　　　　）
流動資産	（　　　　）	【純資産の部】	
現金預金	（　　　　）	固定資産形成分	（　　　　）
未収金	（　　　　）	余剰分（不足分）	△（　　　）
		純資産合計	（　　　　）
資産合計	（　　　　）	資産及び純資産合計	（　　　　）

【行政コスト計算書】
自××年4月1日
至××年3月31日

科　　目	金　　額
経常費用	（　　　　　）
業務費用	（　　　　　）
人件費	（　　　　　）
職員給与費	（　　　　　）
物件費等	（　　　　　）
減価償却費	（　　　　　）
移転費用	（　　　　　）
社会保障給付	（　　　　　）
純経常行政コスト	（　　　　　）
臨時損失	（　　　　　）
災害復旧事業費	（　　　　　）
純行政コスト	（　　　　　）

【純資産変動計算書】
自××年4月1日
至××年3月31日

科　目	合　計	固定資産 等形成分	余剰分 （不足分）
前年度末純資産残高	（　　　　　）	（　　　　　）	△（　　　　　）
純行政コスト（△）	△（　　　　）		△（　　　　）
財源	（　　　　　）		（　　　　　）
税収等	（　　　　　）		（　　　　　）
国県等補助金	（　　　　　）		（　　　　　）
本年度差額	（　　　　　）		（　　　　　）
固定資産等の変動（内部変動）		△（　　　　）	（　　　　　）
有形固定資産の増加		（　　　　　）	△（　　　　）
有形固定資産の減少		（　　　　　）	（　　　　　）
本年度純資産変動額	（　　　　　）	△（　　　　）	（　　　　　）
本年度末純資産残高	（　　　　　）	（　　　　　）	△（　　　　）

【資金収支計算書】
自××年4月1日
至××年3月31日

科　目	金　額
【業務活動収支】	
業務支出	（　　　　　　　）
人件費支出	（　　　　　　　）
移転費用支出	（　　　　　　　）
社会保障給付支出	（　　　　　　　）
業務収入	（　　　　　　　）
税収等収入	（　　　　　　　）
国県等補助金収入	（　　　　　　　）
臨時支出	（　　　　　　　）
災害復旧事業費支出	（　　　　　　　）
業務活動収支	（　　　　　　　）
【財務活動収支】	
財務活動支出	（　　　　　　　）
地方債償還支出	（　　　　　　　）
財務活動収入	（　　　　　　　）
地方債発行収入	（　　　　　　　）
財務活動収支	（　　　　　　　）
本年度資金収支額	（　　　　　　　）
前年度末資金残高	20,000,000
本年度末資金残高	（　　　　　　　）

前年度末歳計外現金残高	0
本年度歳計外現金増減額	0
本年度末歳計外現金残高	0
本年度末現金預金残高	（　　　　　　　）

【解答】

1 仕訳

　よりわかりやすくするために、勘定科目に財務書類の略称記号の[BS][PL][NW][CF]を付しました。各勘定科目がどの財務書類に属するのかを示します。

日　付	借　方		貸　方	
	勘 定 科 目	金　額	勘 定 科 目	金　額
2月3日	[BS] 未　　収　　金	9,000,000	[NW] 税　　収　　等	9,000,000
3月3日	[CF] 税 収 等 収 入 [BS] （ 現 金 預 金 ）	8,000,000	[BS] 未　　収　　金	8,000,000
3月5日	[BS] 地　　方　　債	5,000,000	[CF] 地 方 債 償 還 支 出 [BS] （ 現 金 預 金 ）	5,000,000
3月6日	[CF] 国県等補助金収入 [BS] （ 現 金 預 金 ）	6,000,000	[NW] 国 県 等 補 助 金	6,000,000
3月10日	[CF] 地 方 債 発 行 収 入 [BS] （ 現 金 預 金 ）	7,000,000	[BS] 地　　方　　債	7,000,000
3月17日	[PL] 職 員 給 与 費	4,000,000	[CF] 人 件 費 支 出 [BS] （ 現 金 預 金 ）	4,000,000
3月27日	[PL] 社 会 保 障 給 付	2,000,000	[CF] 社 会 保 障 給 付 支 出 [BS] （ 現 金 預 金 ）	2,000,000
3月28日	[PL] 災 害 復 旧 事 業 費	3,000,000	[CF] 災 害 復 旧 事 業 費 支 出 [BS] （ 現 金 預 金 ）	3,000,000
3月31日	[BS] 建 設 仮 勘 定	1,000,000	[BS] 未　　払　　金	1,000,000
3月31日	[PL] 減 価 償 却 費	1,500,000	[BS] 建物減価償却累計額	1,500,000

2 総勘定元帳に転記

　各勘定科目に借方残高か貸方残高かを明記しておきます。

○貸借対照表[BS]

＜建物＞（借方残高）

日　付	勘 定 科 目	借　方	貸　方	残　高
－				15,000,000

＜建物減価償却累計額＞（貸方残高）貸借対照表の借方にマイナス表示されます。

日　付	勘 定 科 目	借　方	貸　方	残　高
－				3,000,000
3月31日	[PL] 減 価 償 却 費		1,500,000	4,500,000

＜建設仮勘定＞（借方残高）

日　付	勘　定　科　目	借　方	貸　方	残　高
3月31日	[BS] 未　　払　　金	1,000,000		1,000,000

＜現金預金＞（借方残高）

日　付	勘　定　科　目	借　方	貸　方	残　高
－				20,000,000
3月3日	[BS] 未　　収　　金	8,000,000		28,000,000
3月5日	[BS] 地　　方　　債		5,000,000	23,000,000
3月6日	[NW] 国　県　等　補　助　金	6,000,000		29,000,000
3月10日	[BS] 地　　方　　債	7,000,000		36,000,000
3月17日	[PL] 職　員　給　与　費		4,000,000	32,000,000
3月27日	[PL] 社　会　保　障　給　付		2,000,000	30,000,000
3月28日	[PL] 災　害　復　旧　事　業　費		3,000,000	27,000,000

＜未収金＞（借方残高）

日　付	勘　定　科　目	借　方	貸　方	残　高
2月3日	[NW] 税　　収　　等	9,000,000		9,000,000
3月3日	[CF] 税　収　等　収　入		8,000,000	1,000,000

＜地方債＞（貸方残高）

日　付	勘　定　科　目	借　方	貸　方	残　高
－				30,000,000
3月5日	[CF] 地　方　債　償　還　支　出	5,000,000		25,000,000
3月10日	[CF] 地　方　債　発　行　収　入		7,000,000	32,000,000

＜未払金＞（貸方残高）

日　付	勘　定　科　目	借　方	貸　方	残　高
3月31日	[BS] 建　設　仮　勘　定		1,000,000	1,000,000

○行政コスト計算書[PL]

＜職員給与費＞（借方残高）

日　付	勘　定　科　目	借　方	貸　方	残　高
3月17日	[CF] 人　件　費　支　出	4,000,000		4,000,000

＜社会保障給付＞（借方残高）

日 付	勘 定 科 目	借 方	貸 方	残 高
3月27日	[CF] 社会保障給付支出	2,000,000		2,000,000

＜災害復旧事業費＞（借方残高）

日 付	勘 定 科 目	借 方	貸 方	残 高
3月28日	[CF] 災害復旧事業費支出	3,000,000		3,000,000

＜減価償却費＞（借方残高）

日 付	勘 定 科 目	借 方	貸 方	残 高
3月31日	[BS] 建物減価償却累計額	1,500,000		1,500,000

○純資産変動計算書［NW］

＜税収等＞（貸方残高）

日 付	勘 定 科 目	借 方	貸 方	残 高
2月3日	[BS] 未 収 金		9,000,000	9,000,000

＜国県等補助金＞（貸方残高）

日 付	勘 定 科 目	借 方	貸 方	残 高
3月6日	[CF] 国県等補助金収入		6,000,000	6,000,000

○資金収支計算書［CF］→支出は貸方残高、収入は借方残高

＜人件費支出＞（貸方残高）

日 付	勘 定 科 目	借 方	貸 方	残 高
3月17日	[PL] 職 員 給 与 費		4,000,000	4,000,000

＜社会保障給付支出＞（貸方残高）

日 付	勘 定 科 目	借 方	貸 方	残 高
3月27日	[PL] 社 会 保 障 給 付		2,000,000	2,000,000

＜税収等収入＞（借方残高）

日 付	勘 定 科 目	借 方	貸 方	残 高
3月3日	[BS] 未 収 金	8,000,000		8,000,000

＜国県等補助金収入＞（借方残高）

日　付	勘　定　科　目	借　方	貸　方	残　高
3月6日	［NW］国県等補助金	6,000,000		6,000,000

＜災害復旧事業費支出＞（貸方残高）

日　付	勘　定　科　目	借　方	貸　方	残　高
3月28日	［PL］災害復旧事業費		3,000,000	3,000,000

＜地方債償還支出＞（貸方残高）

日　付	勘　定　科　目	借　方	貸　方	残　高
3月5日	［BS］地方債		5,000,000	5,000,000

＜地方債発行収入＞（借方残高）

日　付	勘　定　科　目	借　方	貸　方	残　高
3月10日	［BS］地方債	7,000,000		7,000,000

3 総勘定元帳の残高を合計残高試算表に記載

【合計残高試算表】＜ BS，PL，NW ＞

	勘 定 科 目	前年度末残高		本年度計上額		本年度末残高	
		借方	貸方	借方	貸方	借方	貸方
BS	建 物	15,000,000				15,000,000	
BS	建物減価償却累計額		3,000,000		1,500,000		4,500,000
BS	建 設 仮 勘 定			1,000,000		1,000,000	
BS	現 金 預 金	20,000,000		21,000,000	14,000,000	27,000,000	
BS	未 収 金			9,000,000	8,000,000	1,000,000	
BS	地 方 債		30,000,000	5,000,000	7,000,000		32,000,000
BS	未 払 金				1,000,000		1,000,000
PL	職 員 給 与 費			4,000,000		4,000,000	
PL	社 会 保 障 給 付			2,000,000		2,000,000	
PL	災 害 復 旧 事 業 費			3,000,000		3,000,000	
PL	減 価 償 却 費			1,500,000		1,500,000	
NW	税 収 等				9,000,000		9,000,000
NW	国 県 等 補 助 金				6,000,000		6,000,000
NW	固 定 資 産 形 成 分		12,000,000	1,000,000	1,500,000		11,500,000
NW	余 剰 分		△10,000,000	500,000			△9,500,000
	合 計	35,000,000	35,000,000	48,000,000	48,000,000	54,500,000	54,500,000

固定資産形成分12,000,000＝建物15,000,000－減価償却累計額3,000,000
余剰分は差額

【合計残高試算表】＜ CF ＞

	勘 定 科 目	前年度末残高		本年度計上額		本年度末残高	
		借方	貸方	借方	貸方	借方	貸方
CF	人 件 費 支 出				4,000,000		4,000,000
CF	社 会 保 障 給 付 支 出				2,000,000		2,000,000
CF	税 収 等 収 入			8,000,000		8,000,000	
CF	国県等補助金収入			6,000,000		6,000,000	
CF	災害復旧事業費支出				3,000,000		3,000,000
CF	地 方 債 償 還 支 出				5,000,000		5,000,000
CF	地 方 債 発 行 収 入			7,000,000		7,000,000	
	合 計			21,000,000	14,000,000	21,000,000	14,000,000

4 合計残高試算表の残高を財務書類に記載

　合計残高試算表から、各勘定科目の金額を記入してください。

【貸借対照表】
××年3月31日現在

科目	金額	科目	金額
【資産の部】		【負債の部】	
固定資産	11,500,000	固定負債	32,000,000
インフラ資産	11,500,000	地方債	32,000,000
建物	15,000,000	流動負債	1,000,000
建物減価償却累計額	△4,500,000	未払金	1,000,000
建設仮勘定	1,000,000	負債合計	33,000,000
流動資産	28,000,000	【純資産の部】	
現金預金	27,000,000	固定資産形成分	11,500,000
未収金	1,000,000	余剰分（不足分）	△5,000,000
		純資産合計	6,500,000
資産合計	39,500,000	資産及び純資産合計	39,500,000

　合計残高試算表にある貸借対照表科目の現金を選び借方残高の1,000,000を記載します。
行政コスト計算書の金額と一致します。

【行政コスト計算書】
自××年4月1日
至××年3月31日

科　　目	金　　額
経常費用	7,500,000
業務費用	4,000,000
人件費	4,000,000
職員給与費	4,000,000
物件費等	1,500,000
減価償却費	1,500,000
移転費用	2,000,000
社会保障給付	2,000,000
純経常行政コスト	7,500,000
臨時損失	3,000,000

		3,000,000
災害復旧事業費		3,000,000
純行政コスト		10,500,000

純資産変動計算書及び貸借対照表では余剰分と表示します。

行政コスト計算書の正負と反対の符号で純資産変動計算書に記載します。

【純資産変動計算書】
自××年4月1日
至××年3月31日

科　目	合　計	固定資産等形成分	余剰分（不足分）
前年度末純資産残高	2,000,000	12,000,000	△10,000,000
純行政コスト（△）	△10,500,000		△10,500,000
財源	15,000,000		15,000,000
税収等	9,000,000		9,000,000
国県等補助金	6,000,000		6,000,000
本年度差額	4,500,000		4,500,000
固定資産等の変動（内部変動）		△500,000	500,000
有形固定資産の増加		1,000,000	△1,000,000
有形固定資産の減少		△1,500,000	1,500,000
本年度純資産変動額	4,500,000	△500,000	5,000,000
本年度末純資産残高	6,500,000	11,500,000	△5,000,000

貸借対照表の純資産と一致します。

建設仮勘定で固定資産が増加しました。減価償却で固定資産が減少しました。

【資金収支計算書】
自××年4月1日
至××年3月31日

科　　　目	金　　額
【業務活動収支】	
業務支出	4,000,000
人件費支出	4,000,000
移転費用支出	2,000,000
社会保障給付支出	2,000,000
業務収入	14,000,000
税収等収入	8,000,000
国県等補助金収入	6,000,000
臨時支出	3,000,000
災害復旧事業費支出	3,000,000
業務活動収支	5,000,000
【財務活動収支】	
財務活動支出	5,000,000
地方債償還支出	5,000,000
財務活動収入	7,000,000
地方債発行収入	7,000,000
財務活動収支	2,000,000
本年度資金収支額	7,000,000
前年度末資金残高	20,000,000
本年度末資金残高	27,000,000

前年度末歳計外現金残高	0
本年度歳計外現金増減額	0
本年度末歳計外現金残高	0
本年度末現金預金残高	→ 27,000,000

業務活動収支の注記：
△4,000,000
△2,000,000
＋8,000,000
＋6,000,000
△3,000,000

財務活動収支の注記：
△5,000,000
＋7,000,000

本年度資金収支額の注記：
＋5,000,000
＋2,000,000

貸借対照表の現金と一致します

■ 第6章　現在の官庁会計の問題点

1．仕訳の方法と期末一括仕訳の問題点

　期末一括仕訳とは、期中は単式簿記による現金主義の官庁会計により伝票を処理しておき、期末に伝票ごとに一括して仕訳を行うことをいいます。これに対して、日々仕訳とは、取引の都度、伝票を単位として複式簿記による発生主義の仕訳を行うことをいいます。

　期末一括仕訳には以下の問題点があります。なお、期末に一括して仕訳を行う方法の他、月次や四半期などの一定期間ごとに仕訳処理を行う方法も考えられます。

（1）固定資産台帳

　固定資産を購入した場合、日々仕訳であれば、購入時に固定資産台帳に登録をして、固定資産台帳から減価償却費の計算を行いますが、期末一括仕訳を行う場合、期末一括仕訳を行うタイミングで固定資産台帳に登録を行い、減価償却費の計算も行います。この場合、売却などを期中に行う際に、期末から売却時点における資料を遡るか固定資産に関する資料は期末まで保存しておかなければならないなどの余分な手間が発生してしまいます。

（2）正確性と網羅性

　財務会計システムから歳入歳出データを一括して取得するため、正確性と網羅性の観点から以下の点に注意をする必要があります。

① 予算科目と財務書類の勘定科目が異なるため、正確に変換されていることを確認する手間を要します。

② データを変換する際に、伝票データ集計額と予算科目ごとに承認された歳入歳出額との一致を確認する必要があります。

③ 期中に現金収支したものに限りますが、期末において未収計上、未払計上及び不納欠損決定をしたものについては含めなければいけません。

（3）資本的支出と収益的支出の区分

　例えば歳出科目の「修繕費」に関しては、資産として計上する部分と費用として計上する部分が混在している場合があります。同様に「委託料」についても工事設計委託、ソフトウェア開発費など、資産と費用の内容が混在しているため、一つ一つ確認する必要があります。

（4）事業別・施設別のセグメント情報

　予算編成の段階で、事業別・施設別のセグメント情報を活用し、財務書類を有効に活用することが求められていますが、期末一括仕訳から事業別・施設別のセグメント情報を作成することには困難が伴います。

2．予算科目と仕訳の勘定科目の一致

　単年度予算の編成の際に、予算科目を財務書類の勘定科目と一致させ、予算編成と複式簿記を連携させることにより、予算の執行時、取引の発生時に複式簿記による日々仕訳を行うことが可能となり、固定資産台帳の作成と運用、行政コストのセグメント情報の活用など、公会計の情報利用の有用性が増すと考えられます。このような考え方を予算仕訳といい、和光市が導入した先行例として紹介されています。予算仕訳とは、官庁会計上の予算科目を見直し、予算科目と複式簿記の仕訳科目を一致させることで、予算段階で公会計上の仕訳を確定させる方法をいいます。[1]

注（1）山本享兵（2018）『実践例にみる公会計』（第一法規）215 頁、総務省（2019）「統一的な基準による地方公会計マニュアル（令和元年 8 月改訂）」365 頁。

〈参考文献〉
・総務省（2019）「統一的な基準による地方公会計マニュアル」（令和元年 8 月改訂）
・山本享兵（2018）『実践例にみる公会計』第一法規

付録 1 ：財務書類のひな型（総務省（2019）「統一的な基準による地方公会計マニュアル（令和元年 8 月改訂）」62-66頁）

【様式第1号】

貸借対照表

（平成　　年　月　　日現在）

（単位：　　）

科目	金額	科目	金額
【資産の部】		【負債の部】	
固定資産		固定負債	
有形固定資産		地方債	
事業用資産		長期未払金	
土地		退職手当引当金	
立木竹		損失補償等引当金	
建物		その他	
建物減価償却累計額		流動負債	
工作物		1年内償還予定地方債	
工作物減価償却累計額		未払金	
船舶		未払費用	
船舶減価償却累計額		前受金	
浮標等		前受収益	
浮標等減価償却累計額		賞与等引当金	
航空機		預り金	
航空機減価償却累計額		その他	
その他		負債合計	
その他減価償却累計額		【純資産の部】	
建設仮勘定		固定資産等形成分	
インフラ資産		余剰分（不足分）	
土地			
建物			
建物減価償却累計額			
工作物			
工作物減価償却累計額			
その他			
その他減価償却累計額			
建設仮勘定			
物品			
物品減価償却累計額			
無形固定資産			
ソフトウェア			
その他			
投資その他の資産			
投資及び出資金			
有価証券			
出資金			
その他			
投資損失引当金			
長期延滞債権			
長期貸付金			
基金			
減債基金			
その他			
その他			
徴収不能引当金			
流動資産			
現金預金			
未収金			
短期貸付金			
基金			
財政調整基金			
減債基金			
棚卸資産			
その他			
徴収不能引当金		純資産合計	
資産合計		負債及び純資産合計	

行政コスト計算書

自　平成　　年　　月　　日
至　平成　　年　　月　　日

（単位：　　）

科目	金額
経常費用	
業務費用	
人件費	
職員給与費	
賞与等引当金繰入額	
退職手当引当金繰入額	
その他	
物件費等	
物件費	
維持補修費	
減価償却費	
その他	
その他の業務費用	
支払利息	
徴収不能引当金繰入額	
その他	
移転費用	
補助金等	
社会保障給付	
他会計への繰出金	
その他	
経常収益	
使用料及び手数料	
その他	
純経常行政コスト	
臨時損失	
災害復旧事業費	
資産除売却損	
投資損失引当金繰入額	
損失補償等引当金繰入額	
その他	
臨時利益	
資産売却益	
その他	
純行政コスト	

純資産変動計算書

自 平成 年 月 日
至 平成 年 月 日

（単位： ）

科目	合計	固定資産等形成分	余剰分（不足分）
前年度末純資産残高			
純行政コスト（△）			
財源			
税収等			
国県等補助金			
本年度差額			
固定資産等の変動（内部変動）			
有形固定資産等の増加			
有形固定資産等の減少			
貸付金・基金等の増加			
貸付金・基金等の減少			
資産評価差額			
無償所管換等			
その他			
本年度純資産変動額			
本年度末純資産残高			

行政コスト計算書と純資産変動書を一体とした場合

行政コスト及び純資産変動計算書

自 平成　　年　　月　　日
至 平成　　年　　月　　日

（単位：　　）

科目	金額		
経常費用			
業務費用			
人件費			
職員給与費			
賞与等引当金繰入額			
退職手当引当金繰入額			
その他			
物件費等			
物件費			
維持補修費			
減価償却費			
その他			
その他の業務費用			
支払利息			
徴収不能引当金繰入額			
その他			
移転費用			
補助金等			
社会保障給付			
他会計への繰出金			
その他			
経常収益			
使用料及び手数料			
その他			
純経常行政コスト			
臨時損失			
災害復旧事業費			
資産除売却損			
投資損失引当金繰入額			
損失補償等引当金繰入額			
その他			
臨時利益		金額	
資産売却益		固定資産等形成分	余剰分（不足分）
その他			
純行政コスト			
財源			
税収等			
国県等補助金			
本年度差額			
固定資産等の変動（内部変動）			
有形固定資産等の増加			
有形固定資産等の減少			
貸付金・基金等の増加			
貸付金・基金等の減少			
資産評価差額			
無償所管換等			
その他			
本年度純資産変動額			
前年度末純資産残高			
本年度末純資産残高			

資金収支計算書

自　平成　　年　　月　　日
至　平成　　年　　月　　日

（単位：　　）

科目	金額
【業務活動収支】	
業務支出	
業務費用支出	
人件費支出	
物件費等支出	
支払利息支出	
その他の支出	
移転費用支出	
補助金等支出	
社会保障給付支出	
他会計への繰出支出	
その他の支出	
業務収入	
税収等収入	
国県等補助金収入	
使用料及び手数料収入	
その他の収入	
臨時支出	
災害復旧事業費支出	
その他の支出	
臨時収入	
業務活動収支	
【投資活動収支】	
投資活動支出	
公共施設等整備費支出	
基金積立金支出	
投資及び出資金支出	
貸付金支出	
その他の支出	
投資活動収入	
国県等補助金収入	
基金取崩収入	
貸付金元金回収収入	
資産売却収入	
その他の収入	
投資活動収支	
【財務活動収支】	
財務活動支出	
地方債償還支出	
その他の支出	
財務活動収入	
地方債発行収入	
その他の収入	
財務活動収支	
本年度資金収支額	
前年度末資金残高	
本年度末資金残高	

前年度末歳計外現金残高	
本年度歳計外現金増減額	
本年度末歳計外現金残高	
本年度末現金預金残高	

付録2：勘定科目一覧（総務省（2019）「統一的な基準による地方公会計マニュアル（令和元年8月改訂）」95-99頁）

別表1　勘定科目表

（貸借対照表科目）

（連番）	財務書類	階層	勘定科目名						摘　要
1	BS	1	資産合計						
2	BS	2		固定資産					
3	BS	3			有形固定資産				
4	BS	4				事業用資産			
5	BS	5					土地		
6	BS	5					立木竹		
7	BS	5					建物		
8	BS	5					建物減価償却累計額		
9	BS	5					工作物		
10	BS	5					工作物減価償却累計額		
11	BS	5					船舶		
12	BS	5					船舶減価償却累計額		
13	BS	5					浮標等		
14	BS	5					浮標等減価償却累計額		
15	BS	5					航空機		
16	BS	5					航空機減価償却累計額		
17	BS	5					その他		
18	BS	5					その他減価償却累計額		
19	BS	5					建設仮勘定		
20	BS	4				インフラ資産			
21	BS	5					土地		
22	BS	5					建物		
23	BS	5					建物減価償却累計額		
24	BS	5					工作物		
25	BS	5					工作物減価償却累計額		
26	BS	5					その他		
27	BS	5					その他減価償却累計額		
28	BS	5					建物仮勘定		
29	BS	4				物品			
30	BS	4				物品減価償却累計額			
31	BS	3			無形固定資産				
32	BS	4				ソフトウェア			
33	BS	4				その他			
34	BS	3			投資その他の資産				
35	BS	4				投資及び出資金			
36	BS	5					有価証券		
37	BS	5					出資金		
38	BS	5					その他		
39	BS	4				投資損失引当金			
40	BS	4				長期延滞債権			
41	BS	4				長期貸付金			
42	BS	4				基金			
43	BS	5					減債基金		
44	BS	5					その他		
45	BS	4				その他			
46	BS	4				徴収不能引当金			

（連番）	財務書類	階層	勘定科目名	摘要
47	BS	2	流動資産	
48	BS	3	現金預金	
49	BS	3	未収金	
50	BS	3	短期貸付金	
51	BS	3	基金	
52	BS	4	財政調整基金	
53	BS	4	減債基金	
54	BS	3	棚卸資産	
55	BS	3	その他	
56	BS	3	徴収不能引当金	
57	BS	1	負債・純資産合計	
58	BS	2	負債合計	
59	BS	3	固定負債	
60	BS	4	地方債	
61	BS	4	長期未払金	
62	BS	4	退職手当引当金	
63	BS	4	損失補償等引当金	
64	BS	4	その他	
65	BS	3	流動負債	
66	BS	4	1年内償還予定地方債	
67	BS	4	未払金	
68	BS	4	未払費用	
69	BS	4	前受金	
70	BS	4	前受収益	
71	BS	4	賞与等引当金	
72	BS	4	預り金	
73	BS	4	その他	
74	BS	2	純資産合計	
75	BS	3	固定資産等形成分	
76	BS	3	余剰分（不足分）	

（行政コスト計算書科目）

（連番）	財務書類	階層	勘定科目名	摘　要
77	PL	1	純経常行政コスト	
78	PL	2	経常費用	
79	PL	3	業務費用	
80	PL	4	人件費	
81	PL	5	職員給与費	
82	PL	5	賞与等引当金繰入額	
83	PL	5	退職手当引当金繰入額	
84	PL	5	その他	
85	PL	4	物件費等	
86	PL	5	物件費	
87	PL	5	維持補修費	
88	PL	5	減価償却費	
89	PL	5	その他	
90	PL	4	その他の業務費用	
91	PL	5	支払利息	
92	PL	5	徴収不能引当金繰入額	
93	PL	5	その他	
94	PL	3	移転費用	
95	PL	4	補助金等	
96	PL	4	社会保障給付	
97	PL	4	他会計への繰出金	
98	PL	4	その他	
99	PL	2	経常収益	
100	PL	3	使用料及び手数料	
101	PL	3	その他	
102	PL	1	純行政コスト	
103	PL	2	臨時損失	
104	PL	3	災害復旧事業費	
105	PL	3	資産除売却損	
106	PL	3	投資損失引当金繰入額	
107	PL	3	損失補償等引当金繰入額	
108	PL	3	その他	
109	PL	2	臨時利益	
110	PL	3	資産売却益	
111	PL	3	その他	

（純資産変動計算書科目）

（連番）	財務書類	階層	勘定科目名	摘要
112	NW	1	前年度末純資産残高	
113	NW	2	純行政コスト（△）	
114	NW	2	財源	
115	NW	3	税収等	
116	NW	3	国県等補助金	
117	NW	2	本年度差額	
118	NW	2	固定資産の変動（内部変動）	
119	NW	3	有形固定資産等の増加	
120	NW	3	有形固定資産等の減少	
121	NW	3	貸付金・基金等の増加	
122	NW	3	貸付金・基金等の減少	
123	NW	2	資産評価差額	
124	NW	2	無償所管換等	
125	NW	2	その他	
126	NW	2	本年度純資産変動額	
127	NW	1	本年度末純資産残高	

（資金収支計算書科目）

（連番）	財務書類	階層	勘定科目名	摘要
128	CF	1	業務活動収支	
129	CF	2	業務支出	
130	CF	3	業務費用支出	
131	CF	4	人件費支出	
132	CF	4	物件費等支出	
133	CF	4	支払利息支出	
134	CF	4	その他の支出	
135	CF	3	移転費用支出	
136	CF	4	補助金等支出	
137	CF	4	社会保障給付支出	
138	CF	4	他会計への繰出支出	
139	CF	4	その他の支出	
140	CF	2	業務収入	
141	CF	3	税収等収入	
142	CF	3	国県等補助金収入	
143	CF	3	使用料及び手数料収入	
144	CF	3	その他の収入	
145	CF	2	臨時支出	
146	CF	3	災害復旧事業費支出	
147	CF	3	その他の支出	
148	CF	2	臨時収入	
149	CF	1	投資活動収支	
150	CF	2	投資活動支出	
151	CF	3	公共施設等整備費支出	
152	CF	3	基金積立金支出	
153	CF	3	投資及び出資金支出	
154	CF	3	貸付金支出	
155	CF	3	その他の支出	
156	CF	2	投資活動収入	
157	CF	3	国県等補助金収入	
158	CF	3	基金取崩収入	
159	CF	3	貸付金元金回収収入	
160	CF	3	資産売却収入	
161	CF	3	その他の収入	
162	CF	1	財務活動収支	
163	CF	2	財務活動支出	
164	CF	3	地方債償還支出	
165	CF	3	その他の支出	
166	CF	2	財務活動収入	
167	CF	3	地方債発行収入	
168	CF	3	その他の収入	
169	CF	1	本年度資金収支額	
170	CF	1	前年度末資金残高	
171	CF	1	本年度末資金残高	
172	CF	1	前年度末歳計外現金残高	
173	CF	1	本年度歳計外現金増減額	
174	CF	1	本年度末歳計外現金残高	
175	CF	1	本年度末現金預金残高	

索　引

あ行

アカウンタビリティ …………………… 3
一般会計等財務書類 …………………… 129
インフラ資産 ……………………… 16, 99
インフラ資産の評価基準 …………… 16

か行

活動基準原価計算 ……………………… 52
株主資本等変動計算書 ………………… 157
官庁会計 ………………………… 84, 201
企業会計 ………………………………… 157
基金 ……………………………… 99, 111
機能するバランスシート ……………… 27
期末一括仕訳 …………………………… 201
キャッシュ・フロー計算書 ……… 12, 157
行政活動の効率化 ……………………… 3
行政コスト計算書 ……… 12, 92, 103, 157
行政（事業）評価制度 ………………… 27
行政収入 ………………………………… 13
行政費用 ………………………………… 13
計算書類 ………………………………… 157
減価償却 ………………………………… 105
減価償却費 ……………………………… 116
現金主義 ………………………………… 156
現金主義会計 …………………………… 6
現金預金 ………………………… 98, 110
建設仮勘定 ……………………… 102, 113
建設補助金 ……………………………… 105
健全化判断比率 ………………………… 68

公会計 …………………………………… 4
公会計の情報価値 ……………………… 69
合計残高試算表 ………………………… 160
公的説明責任 …………………………… 3
公的部門の会計改革 …………………… 3
後年度負担の衡平性 …………………… 14
固定資産 ………………………………… 111
固定資産台帳 …………………… 85, 201

さ行

財政健全化法 …………………………… 68
財政指標の意味 ………………………… 13
財政の持続可能性 ……………………… 13
財務情報活用 …………………………… 4
財務諸表 ………………………………… 157
財務書類 ………………………………… 157
財務レポート …………………… 59, 66
事業コスト ……………………………… 29
事業財務諸表の作成と分析 …………… 31
事業別行政評価シート ………………… 35
事業別財務諸表 ………………………… 26
事業用資産 ……………………………… 99
事業類型 ………………………………… 32
資金収支計算書 ……… 12, 94, 107, 157
資産 ……………………………… 98, 161
自治体間比較の有用性 ………………… 15
自治体間ベンチマーキング …………… 60
支配従属関係 …………………………… 128
資本的支出と修繕費 …………………… 114
収益 ……………………………………… 162

純資産 ······················· 14, 102, 161

純資産変動計算書 ········ 12, 93, 104, 157

賞与等引当金 ····················· 121

仕訳帳 ··························· 160

新公会計制度普及促進連絡会議 ······· 47

精算表 ··························· 160

世代間負担の衡平性 ············· 9, 12, 13

全体財務書類 ····················· 129

全部連結 ························· 131

総勘定元帳 ······················· 160

ソフトウェア ····················· 115

ソフトウェア仮勘定 ················· 113

損益計算書 ······················· 157

損失補償等引当金 ················· 102, 122

た行

貸借対照表 ····················· 9, 90, 157

退職手当引当金 ··················· 120

単式簿記 ························· 156

地方公会計 ····················· 2, 26, 157

中期財政見通し ····················· 72

徴収不能引当金 ··················· 117

統一的な会計基準 ··················· 86

統一的な基準 ······················· 85

投資その他の資産 ··················· 111

投資損失引当金 ················· 102, 121

は行

発生主義 ························· 156

発生主義会計 ····················· 6, 84

発生主義会計の効果 ··················· 7

パブリック・アカウンタビリティ ···· 83

比較分析シート ····················· 47

費用 ····························· 162

比例連結 ························· 131

複式簿記 ····················· 86, 156, 159

負債 ························· 102, 161

物品 ····························· 101

フルコスト情報 ····················· 26

分析の視点 ························· 33

本年度差額 ························· 13

ま行

未収金 ························· 98, 110

無形固定資産 ····················· 111

や行

有価証券・出資金 ··················· 122

有形固定資産 ····················· 111

予算仕訳 ························· 202

予算編成 ··························· 42

ら行

リース会計 ······················· 114

臨時財政対策債 ··················· 16, 70

連結会計 ························· 128

連結財務諸表 ····················· 128

連結財務書類 ····················· 129

連結精算表 ······················· 133

著者略歴

鷹野　宏行（たかの　ひろゆき）（第2部第2章）

武蔵野大学経営学部会計ガバナンス学科学科長、教授、商学修士（慶應義塾大学）、慶應義塾大学大学院商学研究科博士後期課程単位取得満期退学。白鷗大学、大原大学院大学を経て現職。非営利法人研究学会理事、中小企業組合士検定試験・試験委員等を歴任。

主な著書に、『会計学』（共著、慶應義塾大学出版会、2007年）、『FASB NPO（非営利組織体）会計基準』（共訳、中央経済社、2001年）、『非営利法人経営論』（共著、大学教育出版、2014年）等。

鵜川　正樹（うかわ　まさき）

（第1部、第2部第1章、第3章〜第4章）

武蔵野大学経営学部会計ガバナンス学科教授、博士（会計学）（中央大学）、公認会計士、税理士。財務省「財政制度等審議会 財政制度分科会 法制・公会計部会」臨時委員、総務省「今後の新地方公会計の推進に関する研究会」委員、東京都会計基準委員会委員委員長等を歴任。

主な著書に、『自治体経営と機能するバランスシート』（共著、ぎょうせい、2001年）、『すぐに役立つ公会計情報の使い方』（共著、ぎょうせい、2010年）、『公会計・公監査の基礎と実務』（共著、法令出版、2014年）等。

榮田　悟志（さかえだ　さとし）（第2部第5章、第3部）

武蔵野大学経営学部会計ガバナンス学科講師、修士（税法）（筑波大学）、横浜国立大学大学院国際社会科学府経営学専攻博士課程後期在学中。公認会計士、税理士。監査法人、税理士法人、公認会計士受験予備校講師等を経て現職。

順天堂大学非常勤講師、常磐大学非常勤講師、湘北短期大学非常勤講師。

サービス・インフォメーション

――――――――――――――――――― 通話無料 ―――

①商品に関するご照会・お申込みのご依頼
　　　　　　TEL 0120 (203) 694／FAX 0120 (302) 640
②ご住所・ご名義等各種変更のご連絡
　　　　　　TEL 0120 (203) 696／FAX 0120 (202) 974
③請求・お支払いに関するご照会・ご要望
　　　　　　TEL 0120 (203) 695／FAX 0120 (202) 973

●フリーダイヤル（TEL）の受付時間は、土・日・祝日を除く
　9:00〜17:30です。
●FAXは24時間受け付けておりますので、あわせてご利用ください。

レッスン地方公会計
―演習で身につく！自治体財務情報の活用はじめの一歩

2021年5月15日　初版発行

著　者　　鷹野宏行・鵜川正樹・榮田悟志
発行者　　田　中　英　弥
発行所　　第一法規株式会社
　　　　　〒107-8560　東京都港区南青山2-11-17
　　　　　ホームページ　https://www.daiichihoki.co.jp/

公会計演習　ISBN978-4-474-06990-9　C2034 （6）